남자아이 키울때
꼭 알아야할 것들

남자아이 키울 때
꼭 알아야 할 것들

모로토미 요시히코 지음 | 이정환 옮김

0세부터 사춘기까지
남자아이
육아법

🌱 나무생각

남자아이 키우기가
훨씬 힘들다?

나는 지금까지 20년 이상 교육카운슬러로서 수많은 이들의 육아상담을 해왔다. 아동상담소 카운슬러나 스쿨카운슬러로 일하면서 아이들과 부모의 고민에 귀를 기울여왔다. 지금은 메이지대학 교수로 재직하며 육아나 교육과 관련된 심리학을 가르치고 있다.

그런 과정에서 다음과 같은 사실을 실감할 수 있었다.

"아이는 우주가 우리 부부에게 보내준 소중한 선물이며, 부모로서, 또 인간으로서의 배움과 성장의 기회를 제공해주는 중요한 과제이고 숙제다."

특히 이런 점을 절실하게 느끼게 해주는 것이 '남자아이 키우는 법'이다. 다양한 육아상담을 하는 과정에서 최근에 특히 자주 듣는 것이 어머니들의 "아들은 키우기 힘들다!", "남자아이는 왜 이러는지 모르겠다!"라는 고민과 관련된 상담이다.

0세부터 3세까지 어린 남자아이를 둔 어머니들의 상담도 있고, 유치원이나 놀이방, 초등학교에 다니는 아들을 둔 어머니들 그리고 사춘기로 접어들어 마음의 문을 닫기 시작한 중학생이나 고등학생 아들을 둔 어머니들의 상담도 있다. 그들은 한결같이 "남자아이는 대체 왜 이러는 걸까요?", "남자아이의 마음은 알 수가 없어요. 정말 키우기 힘들어요"라며 한숨을 내쉰다.

실제로, 남자아이는 어린 시절부터 손이 많이 간다. 끊임없이 이리저리 돌아다니기 때문에 한시라도 눈을 뗄 수 없고, 왜 그렇게 부산한 것인지 고함이라도 지르고 싶은 심정이 들 때가 한두 번이 아니다.

형제끼리의 싸움도 "저러다가 혹시 큰 상처라도 입는 게 아닐까?" 하는 두려움이 느껴질 정도로 격렬한 경우도 있다. 또한 등교거부를 하거나 은둔형외톨이가 되어버리면 여자아이보다 바로잡기가 훨씬 힘들다. 따돌림을 당하는 경우에도 마음을 닫아버리고 아무 말도 하지 않는 경우가 흔하다. 소심하고 내성적인 성격 때문에 상처를 잘 받는 남자아이는 장차 성인이 되어 결혼이나 취직에 어려움을 겪는 결과를 초래할 수도 있다. (2005년의 국세조사[일본의 전국적인 인구 조사-옮긴이]를 바탕으로 예측한 결과에 의하면 현재 20대 후반 남성의 약 30퍼센트가 '평생 미혼', 즉 한 번도 결혼하지 않은 채 인생을 보낼 가능성이 있다고 예측된다. 지금의 3~5세 아이가 40세가 될 때는 상황이 더욱 악화될 가능성이 높기 때문에 30퍼센트 이상의 남성이 40세가 지나서도 부모와 함께 생활하면서 결혼도 하지 않고 취직도 하지 않은 채 '부양가족'인 상태로 남아 있을 가능성이 높다고 한다.)

그런 생각을 하면 오늘날의 남자아이에게는 결혼 전에 '결혼 교육', 다시 말해 '결혼할 수 있는 능력을 키우는 육아'가 필요하다는 생각이 든다.

요컨대 어떤 가정에서도 남자아이는 '고민의 씨앗'이며, 엄마들은 여자아이에 비해 남자아이가 훨씬 더 키우기 힘들다고 생각한다.

하지만 나는 이렇게 생각한다.

모든 아이는 그 영혼에, 그 아이에게만 주어진 임무(살아가는 의미와 사명)가 각인된 상태에서 이 세상에 태어난다. 아이의 영혼은 보이지 않는 세계로부터 이 세상으로 찾아와 엄마 아빠를 그리고 그 DNA를 선택하여 태어나는 것이다.

천상의 보이지 않는 세계에 있을 때부터 아이의 영혼은 엄마와 아빠를 지켜보다가, "이 사람들에게 가야겠어. 이 사람들의 DNA를, 이 지상의 세계에서 사용할 내 몸으로 빌려야지. 그렇게 하면 내가 하고 싶은 일을 이룰 수 있을 거야. 이 사람들이라면 나의 임무를 완수하기 위해 필요한 애정과 영양과 DNA 그리고 성장을 위해 필요한 혹독한 시련도 적절하게 제공해줄 수 있을 거야!"라는 결단을 내리고 엄마와 아빠를 선택하여 이 세상으로 내려오는 것이다.

부디 이런 따뜻한 마음의 눈길로 아이를 지켜보자. 그렇게 하면 매일 장난을 치며 주변을 소란스럽게 만들고 엄마를 난처하게 만들던 아이의 행동이 장차 사람들의 주목을 받아 행복을 줄 수 있는 일을 하기 위한 마음의 씨앗으로 보이지 않을까? 친구 하나 없이 혼자 노는 데에만 몰두해 있는 '이상한 아이', '이상한 행동'이 장차 노벨상을 받을 만한 위대한 연구를 이루기 위한, 연구에 몰두하는 집중력을 키우는 마음의 씨앗으로 보이지 않을까?

세계적으로 저명한 제임스 힐먼(James Hillman)이라는 심리학자에 의하면 장래에 위대한 일을 이룬 남성의 어린 시절은 부모 입장에서 보면 '특이한 아이', '손을 쓸 방법이 없는 문제아', '친구가 없어 늘 외톨이인 아이'였던 경우가 많다고 한다. 더구나 어른이 되어 천재적인 능력을 발휘한 그들의 감추어진 재능은 어린 시절, 어머니로부터 "대체 언제까지 그러고 있을 거야!", "그만 좀 해! 밥 먹으라고!"라는 극단적인 꾸지람을 들을 정도로 반항적인 행동을 통해 그 싹을 보여주었다고 한다.

어떤가? 어쩌면 여러분이 입버릇처럼 아이에게 소리쳐온 "너는 도대체 왜 그러니!"라는 말이 아이의 영혼에 각인되어 있는 숨겨진 재능의 싹이 자라는 것을 방해하고 있는지도 모른다.

지금, 여러분의 아들은 엄마가 무슨 말을 해도 "싫어!"라는 언어로 반항만 하고 있을지도 모른다. "유치원에 다니기 싫어!", "학교에 가기 싫어!"라고 소리치며 엄마를 난처하게 만들거나, 물건을 집어던지고, 동생을 때리고, 정리를 하지 않고, 음식을 가려 먹고, 과자 이외에는 거의 먹지 않고, 몇 번을 말해도 손톱을 깨물거나 손가락을 빠는 행동을 멈추지 않는 등의 이상한 버릇이나 행동으로 엄마를 힘들게 만들고 있을지도 모른다. 그중에는 조금 전에 화장실을 다녀왔는데도 금방 오줌이 마렵다고 하거나 자신의 머리카락을 쥐어뜯는 등 '신체적 증상'을 보이는 아이도 있을 수 있다. 엄마 입장에서는 당연히 걱정이 되는 행동들이다.

하지만 걱정할 필요 없다! 이런 대부분의 '문제'는 엄마가 사랑을 듬뿍 담아 따뜻하게 안아주고 몇 번이고 뺨을 쓰다듬어주고 볼에 뽀뽀를 해주는 등 끊임없이 스킨십을 해주다 보면 어느 순간 자연스럽게 사라진다.

"우리 아들은 정말 멋져! 사랑한다, 아가야. 이 세상에서 제일 소중한 우리 아들!"이라고 끊임없이 반복적으로 칭찬과 사랑을 주는 것이 효과적이다.

육아의 기본은 뭐니 뭐니 해도 엄마 자신의 사랑과 행복이다. 무슨 일이 있어도 꿈쩍하지 않고 안정된 평온함과 행복감을 바탕으로 아이에게 사랑을 전해주는 것. 육아에서 이것 이상으로 중요한 것은 없다. 부디 사랑으로 가득한 멋진 육아가 이루어지기를 간절하게 기원한다.

이 책에서는 교육카운슬러로서 20년 이상 쌓아온 경험을 바탕으로 이러한 육아를 가능하게 만들어주는 구체적인 지혜와 방법을 소개했다. 이 책이 여러분의 사랑과 행복으로 가득한 육아에 도움이 된다면 나로서는 더 이상의 기쁨은 없을 것이다.

모로토미 요시히코

차례

6장 사춘기를 잘 넘겨야
건강한 남자, 좋은 남편이 될 수 있다

1장

남자아이 교육의 기본,
자신감과 참을성

엄마의 사랑이
아들의 자신감을
키운다

"매일 화난 목소리로 소리만 지르다 보니까 지쳐버렸어요."

"늘 고함만 질러대니까 아이도 저도 완전히 지쳤어요. 대체 어떻게 해야 좋을지 모르겠어요."

교육카운슬러로서 아들을 두고 있는 엄마들의 고민을 들어보면 "아들을 어엿한 어른으로 키우려면 확실하게 교육시켜야 한다"는 생각에 마음을 다잡고 훈육을 시키는 모습이 눈앞에 훤히 떠오른다. 확실하게 훈육을 시켜야 한다고 생각하기 때문에 고함을 지르고 화를 내게 된다. 부모로서의 책임감 때문이다.

하지만 초등학교에 들어가기 전까지는 훈육은 이차적인 문제다. 아들이 앞으로의 긴 인생을 행복하게 보낼 수 있는가 하는 부분에 있어서 가장 중요한 것은, 아이가 6세까지 "나는 엄마에게 사랑받고 있다"는 사실을 실감하는가, 그렇지 않은가에 달려 있다는 것이 카운슬러로서의 경험이 있는 나의 생각이다.

육아에는 세 가지 단계가 존재한다.

❶ 사랑기: 0세부터 6세 정도까지의 영유아기(태어나서부터 놀이방, 유치원까지)

❷ 훈육기: 6세부터 12세 정도까지의 아동기(초등학생 시기)

❸ 관망기: 10~12세부터 18세 정도까지의 사춘기(초등학교 고학년에서부터 대학생 정도까지)

육아, 특히 아들의 육아에서 가장 중요한 것 중 하나는 첫 번째 시기인 사랑기(0~6세)에 엄마로부터 끊임없는 사랑을 받는 것이다. 아낌없는 애정을 받게 되면 비로소 아이의 마음에 "내 뒤에는 엄마가 있어"라는 안정감이 싹트기 시작한다. 그리고 이러한 안정감이 토대가 되어 아이가 다양한 부분에 도전할 수 있게 된다. 그 결과, 아이는 "설사 실패한다고 해도 나는 외톨이가 아냐", "나는 얼마든지 노력할 수 있는 사람이야"라는 자신감(자기긍정의식)을 가질 수 있게 된다.

이런 자신감, 즉 "나는 노력하면 무엇이든 할 수 있는 사람이야"라는 자기긍정의식이야말로 남자아이의 일생을 결정하는 마음의 기반이 되고, 어느 정도 힘이 든다고 해도 굴하지 않고 참아내며 노력할 수 있는 토대가 된다.

하지만 이런 '마음의 토대'가 6세까지 형성되지 않으면 그 악영향은 20세가 지난 뒤에까지 나타나는 경우가 적지 않다. 아이가 20대, 30대가 되어서 비로소 6세 이전의 육아 문제가 분출되어 이제는 손을 쓸 수 없는 사태가 발생하는 경우도 심심치 않게 볼 수 있다.

구체적으로 말하면, 대학에서 수업을 빼놓지 않고 참석해도 가장 중요한 시험기간에는 결석을 하여 몇 년이나 유급을 하거나, 열심히 취업 준비를 해놓고 정장 면접 당일에 가지 않는 등 가장 중요한 시기에 모든 것을 포기해버리는 사람으로 자라기 쉽다.

이처럼 '가장 중요한 시기에 포기해버리는 남성'과 이야기를 나누어보면서 나는 한 가지 공통점을 발견했다. 바로 어린 시절에 엄마와 즐겁게 뛰어놀았던 기억이 없다는 것이다.

"아무리 기억해내려고 해도 어린 시절에 엄마와 즐겁게 놀았던 기억이 없습니다. 늘 야단만 맞아서……."

"늘 공부하라는 말만 들어서……. 엄마가 따뜻하게 대해주었던 기억이 없습니다."

그들의 어머니에게 자녀에 대한 애정이 없었을 리 없다. 어머니의 입장에서는 내 아이를 당당하게 키우고 싶다는 생각에 혹독하게 야단을 치고 학습하는 습관을 들이기 위해 노력했을 것이다. 단, 그 결과 대부분의 아이들은 인생에서 가장 중요한 자신감과 참을성을 갖추지 못하게 된다.

"우리 아들은 이미 초등학생이니까 늦었네요"라고 말하는 어머니도 가끔 만날 수 있다. 하지만 무슨 일이든 그것을 깨달았을 때 시작하면 된다. 지금부터 당장, 아이가 "나는 사랑을 받고 있다!"라고 생각할 수 있도록 사랑을 베풀어주면 된다. 그것이 아이에게 자신감과 참을성을 갖추게 해주고, 이는 평생의 재산으로 작용한다.

사랑한다는 마음을 말로 표현한다

"우리 아들, 정말 사랑한다."

"너는 엄마의 보물이야."

"세상에서 가장 소중한 내 아들."

'부모니까 굳이 말하지 않아도 통하겠지'라는 생각은 잘못이다. 아무리 부모라고 해도, 또는 부부라고 해도 사랑은 말로 전하지 않으면 알 수 없다. 쑥스럽고 부끄럽게 느껴질 정도의 낯간지러운 표현이라고 해도 확실하게 말로 전달하자.

끊임없이 포옹하고 스킨십한다

사랑을 전하는 수단은 언어만이 아니다. 틈이 있을 때마다 포옹해주고 스킨십을 해준다.

- 진심을 담아 천천히 안아준다.
- 머리를 쓰다듬어주고 엉덩이를 다독여준다.
- 힘껏 끌어안는다.

· 뺨에 뽀뽀해준다.

　동양인은 서양인과 비교하면 이런 스킨십에 익숙하지 않다. 바로 이런 점이 부모와 자녀의 애정관계 형성에 좋지 않은 영향을 끼친다.

　"매일 그렇게 대하면 응석받이가 되는 게 아닐까?", "남자 아이인데 괜찮을까?" 하고 걱정하는 이들도 있을 수 있다. 하지만 그런 걱정은 하지 않아도 된다. 아이는 따뜻한 포옹과 스킨십을 좋아한다. 포옹과 스킨십은 "나는 소중한 사람이야"라는 사실을 느끼게 해주고 자기긍정의식을 배양해준다.

토닥토닥 스킨십으로
마음의 문제는
대부분 해소된다

토닥토닥 두드려주고, 안아주고, 뽀뽀를 해주는 등의 스킨십이야말로 육아에서 가장 중요한 '무기'다.

예를 들어, 걸음마를 떼기 시작한 아이가 안아달라고 조르면 "안 돼! 이제 걷는 연습을 해야지"라고 말하는 엄마들이 있다. 하지만 그럴 때에는 잠시 따뜻하게 안아준 뒤에 "자, 이제 또 연습해볼까?" 하고 유도하도록 하자. 그렇게 하면 밝은 표정으로 스스로 걷기 연습을 할 것이다. 힘껏 안아주며 스킨십을 해주면 "그래, 엄마는 나를 사랑해"라는 안도감이 들고, 걸어보겠다는 도전정신이 생기게 된다.

만약 엄마가 자녀의 응석을 받아들이지 않고 "혼자 걸어 봐!" 하고 강요만 한다면 어떻게 될까? 아이는 마음을 의지할 곳이 없어져 울음을 터뜨리고 칭얼거리고 제멋대로 행동하고 음식을 거부하고 동생을 괴롭히고 놀이방에 가지 않으려 하는 등의 문제를 일으키기 시작한다. 그리고 이렇게 문제를 일으키면 엄마는 더욱 심하게 화를 내는 상황이 벌어진다.

아이의 심리 문제 대부분은 ❶언어화("싫어", "그런 건 하기 싫어!", "엄마 미워!", "유치원에 가기 싫어!" 등의 언어)로, ❷행동화(동생을 괴롭히거나 물건을 던지거나 몸을 여기저기에 부딪히는 행동)로, 그리고 ❸신체화(밤에 울거나 복통, 두통, 손가락 빨기 등의 행동)로 나타난다.

이런 문제에 대한 가장 효과적인 대처 방법이 스킨십이다. 토닥토닥 두드려주고, 포옹해주고, 뽀뽀를 해주며 아이와의 신체적 접촉을 되풀이하는 동안에 마음이 안정되고 문제행동이 사라지는 경우가 적지 않다. 또한 아이가 먼저 엄마의 몸을 토닥거리며 응석을 부려온다면 바람직한 육아를 실천하고 있다는 증거다. 아빠, 엄마와 아이의 몸을 서로 접촉하는 놀이를 하는 것도 좋은 방법이다.

남자아이와
엄마의 관계는
연인 관계와도 같다

엄마들에게 흔히 받는 질문 중에 이런 내용이 있다.

"제 기분에 따라 아이를 대하는 경우가 많아요. 어떤 때는 심하게 꾸짖다가 어떤 때는 칭찬하고……. 이런 행동이 아이에게 나쁜 영향을 끼치지 않을지 걱정이 돼요."

기분에 따라 아이를 대하는 태도가 달라지는 것은 당연히 문제가 있다. 똑같은 행동을 했는데도 엄마의 기분에 따라 어떤 경우에는 야단을 맞고 어떤 경우에는 조용히 넘어간다. 이러다 보면 "나는 어떻게 해야 사랑을 받는지 알 수가 없어", "나는 사랑을 받지 못하는 거야"라는 생각에 아이의 마음이 불안정해진다. 그러나 이렇게 아이에게 감정적으로 대하는 일이 발생하는 원인은 엄마가 줄곧 아이와 함께 생활하다 보니 마음을 정리할 기회가 없기 때문이다. 외부 활동을 한다면 일에 집중하는 과정에서 마음을 '정리'할 수 있다. 교육에 열성을 보이는 엄마들의 입장에서 볼 때 이런 마음의 정리는 매우 중요한 부분이다.

때문에 나는 기회가 있을 때마다 "세 살까지는 가능하면 혼자 힘으로 아이를 키우지 않는 것이 바람직하다"라고 말한다. "세 살까지는 엄마가 아이 곁을 떠나면 안 된다. 놀이방에 아이를 맡긴다니 너무 불쌍하다. 엄마 손으로 직접 아이를 돌봐야 한다"는 주장도 있다. 이른바 '3세아 신화'다. 하지만 나는 이런 주장에 반대한다.

"방 안을 어지럽힌다", "잠시도 가만히 있지 않는다", "버릇이 없다"는 말을 듣는 것이 당연한 남자아이와 24시간 함께 생활하다 보면 엄마는 아이를 떼어놓고 싶어진다. 그리고 확실하고 정확한 것을 좋아하는 엄마일수록 초조감과 분노 때문에 스트레스를 심하게 받는다. 그것이 한계에 이르면 "제발 그만 좀 해!" 하고 분노를 폭발하게 된다. 이것은 엄마와 아이, 서로에게 불행이다. 손이나 옷을 끊임없이 더럽히는 것도, 한시도 가만히 있지 못하는 것도, 모두 남자아이가 천성적으로 갖추고 있는 기질이다. 이런 기질은 가만히 내버려두어도 성장함에 따라 자연스럽게 사회에 적응해간다.

그런데 그것을 예의 바르게 행동하지 않는다, 조용히 있지 못한다는 식으로 받아들여 엄마가 끊임없이 소리를 지르고 분노를 표출하면 아이의 마음속에는 "나는 어차피 안 돼", "나는 엄마를 화나게 만드는 나쁜 아이야"라는 자기부정적인 이미지가 쌓인다.

기본적으로 엄마와 아들의 관계는 연인 관계와도 같다. 아들이 엄마로부터 사랑받고 있다는 사실을 느낄 수 있도록 사랑과 행복감을 최우선으로 여기자. 아이 훈육은 어디까지나 이 관계를 무너뜨리지 않는 범위에서 이루어져야 한다.

성실하고 진지한 엄마일수록 "확실하게 교육시켜야 한다", "남자아이니까 응석받이로 자라게 해서는 안 된다"라는 책임감도 강하다. 하지만 그런 책임감 때문에 초조함과 스트레스가 쌓여 그 스트레스를 아이에게 풀어버린다면 훈육의 의미를 찾기 어렵다.

"짧은 시간의 파트타임 아르바이트라고 해도 밖에서 일을 하는 쪽이 나 자신을 냉정하게 유지할 수 있는 것 같아요."

"풀타임으로 일을 하면서 아이를 놀이방에 맡기고 싶어요. 퇴근 후 하루 세 시간 정도라면 아이를 웃는 얼굴로 대할 수 있을 것 같아요."

이런 말을 하는 이들이 적지 않은데, 그런 이들은 외부 활동을 하는 쪽이 육아에 도움이 된다. 다양한 조사 결과를 보아도 풀타임으로 일을 하는 바쁜 상황에서 육아를 하는 여성보다 전업주부로 육아를 하는 여성이 훨씬 더 많은 스트레스를 받는다.

지금, 전업주부인 이들에게 권하고 싶은 것은 하루에 몇 시간이라도 놀이방에 아이를 맡기고 친구들과 어울려 '자기 자신을 위한 시간'을 확보하라는 것이다. 스트레스를 해소하고 기분을 정리하는 것이 결국은 아이의 심리적 안정과 연결된다. 아이를 위한다는 생각에 참고 생활하다가 스트레스가 쌓여 아이에게 초조감과 분노를 표출하는 것만큼 어리석은 일은 없다. 그것은 아이의 마음도 불안하게 만드는 요인으로 작용할 뿐이다.

육아에서 엄마의 안정적인 모습만큼 중요한 것은 없다. 사춘기 이후에 다양한 문제를 일으키는 것은 남자아이, 특히 '장남', '첫째 아들'이 압도적으로 많다. 처음으로 얻은 아이, 더구나 이성인 남자아이의 행동을 엄마는 이해하기 어렵다. 게다가 주변에 의지할 수 있는 사람이 없다는 것도 엄마의 마음을 초조하게 만든다. 이런 엄마의 초조한 감정에 아이가 반응을 하면 문제가 발생하게 되는 것이다.

지금은 "세 살까지는 엄마의 손길이 필요하다"는 주장에 아무런 근거가 없다는 사실을 많은 엄마들이 알고 있지만, 그래도 마음 한구석에는 "무슨 일이 발생한 뒤에 후회하기는 싫다"는 생각에 육아에만 전념하려는 이들도 적지 않다.

다시 한 번 강조한다. 전 세계 심리학 조사에 의하면, "세 살까지는 엄마 손에서 자라야 한다"는 사고방식을 입증할 수 있는 근거는 하나도 없다. 어떤 심리학이나 사회학 데이터를 보아도 육아 중인 여성들 가운데 가장 스트레스를 많이 받는 것은 전업주부이고, 그다음이 풀타임으로 일하는 엄마, 그리고 가장 스트레스가 적은 것이 파트타임으로 근무하는 엄마다.

집에 있건 일을 다니건 어머니들은 자기 자신의 마음의 안정을 중요하게 생각해야 한다. 그런 마음으로 다시 한 번 강조하고 싶다. 육아에서는 마음이 안정되어 있는 엄마가 옆에 있는 것만큼 중요한 것은 없다.

7~12세 때
부모의 태도가
중요한 이유

6세부터 10~12세 정도, 아이가 초등학교에 입학한 이후 5~6년 동안은 지금까지 해온 '사랑기'의 분위기를 유지하면서 '질서교육'으로 전환해야 하는 시기다.

이 시기의 남자아이는 자신을 억제하는 방법을 배우고 학교생활이나 스포츠 등을 통해 사회의 규칙에 자신을 맞추는 기술을 배운다. 특히 초등학교 저학년 시절은 질서교육을 확실하게 시켜두어야 하는 시기다. '세상의 규칙', '해야 할 일', '해서는 안 되는 일'을 가르쳐야 한다. 따라서 부모는 다음과 같은 세 가지 내용을 지켜야 한다.

- 부모가 모든 일을 대신 해주지 않는다.
- 아이에게 자신의 실패에 대한 책임을 지게 한다.
- 해결 방법을 스스로 생각하게 한다.

초등학생 남자아이에 대한 훈육에서 흔히 저지르기 쉬운 실수가 고함을 지르거나 화를 내면서 결국 아이를 응석받이로 만드는 것이다. 준비물을 잊어버리면 "넌 뭘 해도 늘 왜 그 모양이니!" 하고 입으로는 화를 내면서도 준비물을 가져다준다, 잃어버리면 바로 새 것을 사준다, 매일 아침 깨워준다……. 즉, 입으로는 화를 내고 야단을 치면서도 결국은 아이가 스스로 할 일을 부모가 대신 해주는 것이다.

이런 일이 반복되면 아이의 마음에는 "어차피 엄마가 다 해줄 거야"라는 의타심이 생기게 되고, 자신의 행동에 책임을 질 줄 모르는 사람으로 성장한다. 예를 들어, 학교 준비물을 잊어버린 경우에도 절대로 가져다주지 마라. 그렇게 하면 친구에게 빌려달라고 부탁하여 스스로 해결하는 수밖에 없다. 그리고 그런 일을 피하기 위해 다음부터는 준비물을 잊어버리지 말아야겠다고 생각하게 된다.

무슨 일이든 엄마가 대신 해주면 아이는 선생님에게 야단을 맞으면서도 "엄마가 어떻게 해주겠지" 하고 엄마에게 의지하게 된다. 또한 아이에게 끊임없이 화를 내는 일이 되풀이되면,

나는 툭하면 준비물을 잊어버리는 문제아야

↓

그러니까 준비물을 잊어버리는 건 당연한 일이야

↓

엄마에게 갖다달라고 해야지

이런 식으로 자신을 바꿀 생각을 하지 않는다.

"준비물을 잊어버리고 학교에 가서 선생님에게 야단을 맞을 텐데 어쩌지……"라고 생각할 수도 있다. 하지만 "엄마가 어떻게 해주겠지" 하는 경험이 되풀이되면, 아르바이트에 늦을 것 같으면 엄마에게 대신 전화 연락을 해달라고 한다든지, 일 처리에 매우 중요한 서류를 잃어버려도 어떻게 해야 좋을지 몰라 그대로 방치하는 무책임한 어른으로 성장한다. 자기

일은 스스로 해결해야 한다는 자립심과 책임감이 길러지지 않은 채 성장하는 것이다.

사회인이 되어서도 "상사가 조금만 신경을 써주었으면 이런 결과는 나오지 않았을 텐데……"라며 남 탓만 하는 이들이 있다. 이것은 "엄마가 깨워주지 않았기 때문에 지각을 한 거야"라는 논리와 마찬가지다. 자신에게 책임이 있다는 생각은 하지 않고 다른 사람 탓으로 돌리는 습관이 들었기 때문에 발생하는 현상이다.

아이가 장차 그런 사람으로 성장하지 않도록 하려면 어떻게 해야 좋을까? 준비물을 잊어버렸을 때에는 "넌 도대체 왜 그렇게 정신이 없니!" 하고 꾸짖지만 말고 "준비물을 잊어버리지 않으려면 어떻게 해야 좋을까?" 하고 아이 스스로 생각을 하도록 유도해야 한다. 학교에 가져가야 할 준비물은 전날 저녁까지 반드시 준비해서 현관에 놓아두게 하거나 아침에 한 번 더 검사하도록 하는 등 방법은 다양하다. 아이 스스로 좋은 아이디어를 내놓지 못한다면 엄마가 지혜를 빌려주는 것도 좋은 방법이다.

단, 이렇게 해도 문제가 쉽게 해결된다는 보장은 없다. 이

부분은 엄마 자신이 가장 잘 알고 있을 것이다. 하지만 절대로 포기하면 안 된다.

　육아에서는 끈기가 매우 중요하다. 실패를 제로로 만드는 것이 아니라, 실패했을 때에는 어떻게 해야 좋을지 스스로 생각하는 훈련을 하게끔 하는 것이 중요하다. 인내가 필요할 수도 있다. 하지만 잔소리만 늘어놓고 결국은 대신 해주는 육아 방법으로는 아이가 '어엿한 성인'이 되는 길을 방해하는 결과만 낳는다는 사실을 기억해두자.

12~18세 때야말로
엄마의 손길이
필요하다

세상에는 이런 생각을 가진 사람들이 많이 있다.

"아이가 초등학교에 들어갈 때까지는 집에 있어야 하고 열 살 정도가 되어 혼자 두어도 될 때 다시 일을 시작하는 것이 좋다."

하지만 심리카운슬러로 일하고 있는 내 동료들의 생각은 정반대다. 10~12세에서 15세 정도까지의 사춘기야말로 아이의 심리가 가장 불안정한 시기다. 인생에서 가장 심리가 불안정한 이 시기야말로 엄마가 가정에 있어야 한다는 것이다.

그렇지만 아이의 심리에 깊이 개입해야 한다는 의미는 아니다. 이 시기는 이른바 '관망기'다. 한 걸음 떨어진 장소에서 아이를 지켜보며 "힘든 일이 있으면 언제든지 힘이 되어주겠다"고 '대기'하고 있어야 하는 시기다.

사춘기 자녀들은 무슨 말을 해도 "그래서요?", "그게 뭐 어때서요?"라는 식으로, 입만 열면 버릇없는 말투를 사용한다. 엄마 입장에서 보면 지금까지 응석만 부리던 귀여운 아들이 차갑게 변한 모습을 보고 자신이 무엇 때문에 집에 있는 것인지 이해하기 어렵다. 그럴 경우, "이제 간섭을 할 나이는 지났으니까 나도 내 일을 해야겠다"고 생각할 수도 있다.

그러나 잠깐 진지하게 생각해보자. 나는 앞선 저서인 《당신의 아이, 이대로 두면 큰일난다》에서 "딸이 열 살이 되면 집으로 돌아와야 한다"고 썼다. 사춘기 여자아이는 인간관계가 복잡하고 선생님이나 친구들에 대한 감정 변화가 심하다. 또 친구들에게 따돌림을 당하는 것도 흔히 볼 수 있는 현상이다. 때문에 사춘기가 되면 엄마는 가정으로 돌아와 무슨 일이 있으면 딸이 언제든지 도움을 요청할 수 있는 안정된 분위기를 만들어야 한다.

10~15세는 남자아이의 마음도 불안정해지는 시기다. 사

춘기의 과제는 '자기 만들기'다. 부모의 도움을 받지 않는, 자기 자신의 세계를 만들어가는 시기이기 때문에 적어도 한 번은 이것저것 뒤섞인 무질서한 상태에 빠진다. 사춘기 남자아이에게 "너는 어떤 사람이 되고 싶니?"라고 물어보아도 대부분 "특별히 없는데요"라고 대답하는데, 이는 자기 자신도 잘 모르기 때문이다. 자기도 모르는데 어떻게 대답하겠는가?

갓난아이도 스스로의 힘으로 걷게 된 이후에도 어느 순간, 응석을 부리며 엄마를 찾아 울음을 터뜨리지 않는가. 사춘기 남자아이도 그렇게 부모에게서 떨어지기도 하고 달라붙기도 하는 행동을 되풀이하면서 서서히 자립을 하게 된다. 그 과정에서는 아직 엄마의 도움이 필요하다. 중학생 남자아이가 심한 반항을 하다가 어느 순간 돌변하여 응석을 부리기도 하는 것은 그런 이유 때문이다.

남자아이가 10~15세가 되어 마음이 불안정해지는 시기를 맞이하면 아이가 학교에서 돌아오는 시간에는 가능하면 집에서 기다려주도록 하자. 직종에 따라서는 아이가 어렸을 때 경력을 쌓아두는 방법으로 이것이 가능한 경우도 있다.

남자아이를 둔 엄마들이 신경을 써야 하는 부분이 "왜 그래?", "무슨 일인데?", "말을 해봐!"라는 식으로 간섭을 하는 것이다. 소지품이나 이메일, 휴대전화를 함부로 체크하는 행동은 최악이다. 아이의 비밀을 소중하게 유지해주면서 어디까지나 '지켜보는 자세'를 갖추어야 한다.

남자아이의
용기를
키워주려면

남자아이의 양육과 관련하여 구체적인 조언을 제공해주는 심리학 이론으로 '아들러심리학'이라는 것이 있다. 아들러심리학에서는 부정적인 말을 사용해서 아이로부터 어떤 일에 도전하려는 의욕을 방해하는 것을 '용기제어'라고 부른다.

아들러심리학에서는 '용기 있는 남자아이'에게는 다음과 같은 특징이 있다고 말한다.

• 힘든 상황을 극복해내려 한다.

- 실패를 해도 자기혐오에 빠지지 않는다.
- 해낼 수 있을지 알 수 없는 일에 도전한다.
- 자기 혼자 처리하려 하지 않고 다른 사람과 협력하려고 한다.

이것이 '용기 있는 남자아이'다.

이 '용기'가 결여된 상태로 성장하면 실패를 두려워한 끝에 취업에 의욕적으로 덤벼들지도 못하고 여성에게 적극적으로 다가가지도 못한다. 이런 결과가 나오는 이유는 무엇일까?

나는 부모가 아무렇지 않게 내뱉는 부정적인 말투가 가뜩이나 마음이 가라앉기 쉬운 남자아이를 궁지로 몰아가는 예를 자주 보았다. 아이에게 하지 말아야 할 대표적인 5가지 말은 다음과 같다.

"너는 ○○가 안 되니?", "너는 왜 늘 그 모양이니?"

아이는 부모를 곤란하게 만들려고, 또는 일부러 숙제를 잊어버리려고 의도적으로 그런 행동을 하는 것이 아니다. 따라서 아무리 "왜?"라는 질문을 던져도 자기 자신도 모르기 때문에 아이를 난처하게만 만들 뿐이다.

"몇 번을 말해도 말귀를 못 알아듣니?", "너 바보야?"

바쁠 때 아이가 생각대로 움직여주지 않으면 자기도 모르게 이런 말을 던지기 쉽다. 하지만 이런 말을 듣는 아이는 억울함과 분노 때문에 반발을 하거나 "나는 어차피 안 돼"라고 생각하여 자신감을 잃을 뿐이다.

"제발 좀! 깨끗하게 치우라고!", "도대체 언제가 되어야 사람 노릇을 할래?"

화난 목소리로 이런 꾸중을 되풀이하면 아무리 자기가 잘못을 저질렀다고 해도 불만을 느끼지 않을 수 없다. 전철 안에서 팔꿈치가 약간 스쳤는데 "아야!" 하고 험상궂은 표정을 지으며 노려보는 사람에게 불쾌한 느낌을 받은 적이 없는가? 마찬가지이다. 아이가 장난감을 어지러뜨리면 "이건 여기에 정리해야지", 셔츠가 삐져나와 있으면 "바지 안에 이렇게 넣어야지" 하는 정도로 아무렇지 않게 가르쳐주는 것으로 충분하다.

"말 듣지 않으면 여기 두고 간다", "빨리 안 자면 귀신 나온다"

이건 완전히 '협박'이다. 이런 협박을 듣고 아무렇지 않게 생각하는 아이는 없다. 그리고 정말로 두고 갈 것도 아니지 않은가. 귀신이 나온다는 말 역시 신빙성이 없다. 따라서 이런 말들이 단순한 협박이라는 사실을 아이가 깨닫게 되면 다음부터는 더욱 말을 듣지 않는다.

남자아이는 말을 듣지 않는 것이 당연하다. 하나하나 놓치지 않고 꾸짖기만 한다면 두 사람 사이에 끊임없이 험악한 분위기가 감돌게 되고, 아이는 일부러 부모를 난처하게 만드는 행동을 하게 된다. 최악의 결과다.

"그런 쓸데없는 짓 좀 하지 말라고!"

남자아이는 엄마 입장에서 보면 이해하기 어려운 행동만 한다. 길을 걸을 때에도 조금이라도 높은 장소가 있으면 그 위로 올라가려 하고, 넋을 잃은 모습으로 개미의 행렬을 뚫어지게 들여다보기도 한다. 하지만 그런 행동은 어쩌면 모험심이나 도전정신, 과학적 호기심의 표출인지도 모른다. 이처럼 엄마 입장에서 보면 쓸데없어 보이는 '굳이 하지 않아도 될 행동'에 남자아이의 성장의 싹이 깃들어 있다. 이를 방해하지 말아야 한다.

　이런 행동을 할 때마다 부모가 늘 부정만 하면 "어차피 또 야단맞을 테니까" 하는 마음에 하고 싶은 행동도 할 수 없게 되어 무기력하고 패기 없는 아이로 변한다. 아들이 '하고 싶어 하는 행동'을 끈기 있게 지켜보는 태도가 중요하다.

　어른이 되어 보통 사람 이상의 능력을 발휘하는 남성들 대부분은 어린 시절에 '특이한 아이'로 불렸다고 한다. 아들이 특이하다는 느낌이 든다면, "어쩌면 천재일지도 몰라!" 하고 기뻐하도록 하자.

엄마와 아이를
모두 행복하게 하는
'나-메시지'

"짜증 섞인 잔소리를 자주 늘어놓으면 아들과의 관계가 나빠진다는 걸 잘 알고 있어요. 그래서 잔소리를 하고 싶지 않아요. 하지만 무슨 말을 해도 건성으로 듣는 아들이 제발 말 좀 들었으면 좋겠어요……."

이런 고민에 빠져 있는 어머니들이 반드시 갖추어야 하는 것이 '나-메시지(I-message)'라는 커뮤니케이션 기술이다.

짜증 섞인 잔소리의 특징은 "빨리 가서 (네가) 공부 좀 해!", "제발! (너) 바보니!"와 같이, 숨겨진 주어가 모두 2인칭인 '너'다. 자신의 언행이나 인격을 부정당했을 때 기분 좋은 사람은 아무도 없다.

또한 이런 잔소리는 "네가 항상 그렇지"라고 아이의 행동이나 마음을 함부로 재단해버리는 말투와도 연결된다. 부모가 일방적으로 정해버리면 그것이 옳건 그르건 얌전히 따르고 싶은 마음이 들 리가 없다. "지금 하려고 했단 말이야!"라는 아이의 변명은 대부분 "엄마가 시키는 건 하기 싫어!"라는 반항심에서 나오는 것이다.

잔소리가 하고 싶을 때에는 숨겨진 주어를 2인칭인 '너'에서 1인칭인 '나'로 바꾸어 자신의 마음을 그대로 전하도록 노력해보자. '나-메시지'를 사용하는 것이다.

구체적인 예를 살펴보자.

주방에서 저녁식사를 준비하고 있는데 아이가 매달릴 때

- 💩 "방해하지 마! 엄마 바쁜 거 보면 모르겠니? 가서 숙제나 해!"

- ☀ "엄마 지금 피곤해. 그래도 저녁식사는 준비해야 되잖니. 그래서 놀아줄 수가 없어. 미안."

책가방이나 교과서, 장난감 등을 어지러뜨렸을 때

💭 "제발 좀 깨끗하게 치우라고!"

☀️ "엄마는 방이 이렇게 지저분하면 마음이 불안해서 밥을
못 먹겠어. 깨끗하게 정리해주면 정말 고마울 텐데."

화장실에 가고 싶다고 할 때

💭 "그걸 왜 지금 말해? 아까 다녀오라고 했잖아!"

☀️ "그렇구나. 하지만 엄마가 지금 외출해야 되기 때문에
바쁜데. 아까 함께 다녀왔으면 엄마가 편했을 텐데."

주의를 주었는데 뛰어다니다가 넘어졌을 때

💭 "그래서 뛰지 말라고 했잖아! 왜 그렇게 말을 안 듣니?"

☀️ "괜찮아? 아프지? 엄마가 얼마나 놀랐는지 아니?"

2인칭 메시지는 대부분 아이의 문제행동에 초점이 맞추어
져 있고 그것을 비난하는 결과와 연결된다. 그것을 '나'를 주
어로 삼는 '나-메시지'로 바꾸면 같은 말을 해도 초점이 '엄
마의 마음'으로 옮겨진다. '나'를 주어로 삼아 엄마가 솔직하

게 자신의 마음을 말로 표현하면 아이는 자신이 부정당했다는 느낌을 받지 않는다. 오히려 아이는 엄마의 마음을 그대로 받아들이게 되고, 경우에 따라서는 엄마를 이해하고 배려하는 마음도 싹틀 수 있다.

'나-메시지'는 사춘기로 접어들어 "별로!", "그래서?"라는 반항적인 말투를 사용하는 아들과의 대화에서도 힘을 발휘한다. 엄마는 아들을 걱정하여 말하는 것이지만 자기도 모르게 "공부 안 하니!", "그렇게 놀기만 해도 괜찮은 거야!" 하는 식으로 윽박지르는 듯한 말투를 사용하기 쉽다. 아들의 입장에서는 자신이 부정당하고 있다는 느낌밖에 들지 않는다.

'나-메시지'는 그런 뒤틀어진 엄마와 아들의 대화를 회복시켜준다.

바라는 것이 있으면
'명령'이 아니라
'부탁하는 말투'로

"공부에 조금만 더 신경 써주면 좋겠다."

"깨끗하게 정리 좀 해주면 좋겠다."

"깨우지 않아도 혼자 일어나면 좋겠다."

엄마에게는 아들이 '~을 해주면 좋겠다'고 생각하는 부분이 정말 많을 것이다. 그런 어머니들에게 권하고 싶은 것이 아들러심리학의 용기를 부여하는 방법을 빌려, 아들의 행동을 '부탁하는 말투'로 격려해주라는 것이다.

누구나 다른 사람으로부터 명령을 들으면 기분이 나쁘다. 하지만 같은 말을 부탁하는 말투로 바꾸어 전달하면 의욕을 느낀다.

"깨끗하게 치우라고 했잖아! 도대체 몇 번을 말해야 알아들겠어!" 하고 꾸짖는 것보다 "피곤하지? 그래도 책가방은 정해진 장소에 놓아두면 엄마가 편한데……" 하고 부탁을 하는 것이 아들의 의욕을 높여준다.

이것은 남편에게 가사나 육아를 도와달라고 부탁할 때에도 효과를 발휘한다. "가끔은 일찍 좀 들어와서 아이들 좀 봐주면 안 돼요?"가 아니라 "일이 바쁘죠? 그래도 가끔은 일찍 들어와서 아이들하고 놀아주면 내가 한숨 돌릴 수 있을 텐데……" 하고 부탁하는 말투를 사용하는 것이 효과적이다.

부탁을 할 때 중요한 포인트로 아래 세 가지를 기억하라.

❶ 한 계단 내려서서
❷ 긍정적으로
❸ 구체적으로

이 세 가지를 실천하면 늘 웃는 얼굴로 아이와 남편을 대할 수 있다.

원 다운 포지션(한 계단 내려서서)

'원 다운 포지션(one down position)'이란 자신을 상대보다 한 계단 내려선 위치에 두는 것이다. 잘난 척하는 영업사원에게 물건을 사고 싶어 하는 사람은 없다. 반대로, 자신을 낮추고 겸손한 태도를 보이는 사람의 말에는 귀를 기울이고 싶어진다.

아이를 대할 때에도 마찬가지다. 우선, 부모가 한 계단 내려서서 "○○ 좀 해주면 엄마가 정말 편할 텐데", "○○ 좀 해주면 엄마에게 정말 도움이 될 텐데"와 같이 아이를 올려주면, 부모의 바람에 순수한 마음으로 귀를 기울이게 된다.

긍정적으로

부정적인 말을 늘어놓으면 아이는 자신감을 가질 수 없게 되어 힘든 상황에서 이를 헤쳐나갈 수 있는 능력이 길러지지 않는다. 따라서 긍정적인 말투를 사용하도록 한다.

💭 "왜 그렇게 꾸물거려! 빨리 치우라니까!"

☀ "○○야, 깨끗하게 정리할 수 있지? 5분이면 충분히 정

리할 수 있을 거야. 그리고 밥 먹어야지."

🌩️ "내일 시험이라면서? 공부 좀 해!"

☀️ "시험 전에 알아서 공부하면 엄마가 정말 기분 좋을 거
야. 너는 알아서 잘 할 거야. 그렇지?"

구체적으로

이름만을 부르고 꾸짖거나 "노력 좀 하라고!", "좀 더 신경
좀 쓰라니까!"같이 아이가 어떻게 해야 좋을지 알 수 없는 추
상적인 말투만 사용하기 쉽다. 그런 말을 들은 아이는 무엇을
어떻게 해야 좋을지 몰라 당황한다.

아이에게 원하는 것이 있을 때에는 가능하면 구체적으로
전하도록 하자. 그렇게 해야 아이도 행동하기 편하다.

🌩️ "전철 안에서는 조용히 하라고 했잖아! 제발 말 좀 들
어!"

☀️ "전철에는 많은 사람들이 타고 있으니까 떠들지 말고
조용히 앉아 있는 거야. 그렇게 할 수 있지?"

☁ "공부 좀 하면 어디 덧나니?"

☀ "매일 저녁식사 전에 30분 정도 공부에 집중하면 엄마
　는 정말 기분 좋을 거야."

'긍정적인 주문'을 되풀이한다

아이는 부모가 자주 사용하는 말을 마음속으로 되풀이한다. 그리고 '마음의 버릇'이 된 그 말대로 성격이 만들어진다. "너는 정말 가망이 없어"라는 말을 반복적으로 들은 아이는 "그래, 나는 가망이 없는 사람이야"라고 생각하게 되어 정말로 가망이 없는 사람으로 자라는 것이다.

같은 말을 하더라도 아이의 마음에 '긍정적인 마음의 주문'을 걸 수 있도록 노력하자.

"너는 마음만 먹으면 뭐든지 할 수 있어. 엄마는 그걸 누구보다 잘 알고 있어."

"너는 정리를 정말 잘 하는 아이야!"

이렇게 긍정적인 주문을 되풀이하면 아이의 마음속에 긍정적인 자기이미지가 형성되고, "나는 마음만 먹으면 뭐든지 할 수 있는 사람이야!"라는 생각이 자리 잡는다.

말에는 마법 같은 힘이 깃들어 있다. '말'이 '행동'을 만드는 것이다.

어느 초등학교에서 있었던 이야기다. 아이들이 복도를 뛰어다녀서 "복도에서 뛰지 말 것!"이라는 쪽지를 붙였더니 아이들이 더 심하게 뛰어다녔다고 한다. 그 후 심리학을 공부한 선생님이 쪽지의 내용을 "여러분은 조용히 걸어다닐 수 있는 학생들입니다"라고 긍정적인 말로 바꾸었더니 뛰어다니는 아이들이 순식간에 줄어들었다고 한다.

몇 번을 말해도 알아듣지 못하는 아이라는 말을 되풀이하면 아이는 "나는 몇 번을 말해도 말귀를 알아듣지 못하는 사람이야"라고 믿게 되고, 정말로 몇 번을 말해도 말귀를 알아듣지 못하는 사람이 되어버린다.

아이를 꾸짖고 싶을 때는 한 번 더 생각해보자. 그리고 "너는 ~을 충분히 할 수 있어"라는 긍정적인 말투로 말을 건네라. 이것이 되풀이되면 나중에 커다란 효과를 발휘하게 된다.

'칭찬하는 교육'에서
'함께 즐거워하는 교육'으로

　　　최근 '칭찬하는 교육'이 교육론의 주류를 이루고 있다. 하지만 칭찬하는 교육에는 커다란 결함이 있다. 칭찬을 받는다는 것은 일종의 '상'이기 때문에 상을 주지 않으면, 즉 칭찬을 받지 않으면 움직이지 않는 아이가 되어버린다는 것이다. '칭찬을 받고 싶어서 정리를 하는 아이'는 아무도 지켜보지 않는 상황에서는 '칭찬을 받을 수 없기 때문에 정리를 하지 않는 아이'가 되어버린다.

　　그렇다면 어떻게 해야 좋을까?

　　칭찬하는 교육이 아니라 아이와 부모가 '함께 즐거워하는 교육'이 되어야 한다.

아이의 눈높이에서 즐거움을 공유한다

아이는 "아빠, 엄마가 즐거워하는 모습을 보고 싶으니까 나도 노력해야지" 하고 생각한다. 아이가 노력했을 때 부모가 '즐겁다', '기분 좋다'는 메시지를 보내면 아이의 의욕은 자발적으로 높아진다.

- "네가 도와줘서 금방 끝났어. 엄마가 참 기분이 좋네."
- "시험 점수가 60점밖에 나오지 않아서 실망했니? 하지만 이번에 공부 열심히 했잖아. 엄마는 그거 보고 정말 감탄했다."
- "어제 시합에서 실수를 해서 풀이 죽었구나. 하지만 연습할 때 번트 처리하는 걸 봤더니 완벽하던데! 역시 우리 아들은 믿음직스러워."

다른 아이나 형제와 비교해서 칭찬하지 않는다

가장 나쁜 것은 부모가 아들의 친구나 형제와 비교해서 '이겼을 때'에만 칭찬을 하는 방식이다.

　누군가와 비교를 해서 칭찬하는 경우, 아이는 불필요한 우월감을 느낀다. 가뜩이나 아이들은 학교나 학원에서 공부, 운동, 놀이 등을 통해 경쟁을 하면서 성장한다. 그런데 부모까지 다른 아이와의 승부에 얽매여버리면 아이는 다른 아이에게 이겼을 때에만 자기만족을 느끼고, 다른 아이에게 졌을 때에는 자기는 아무런 가치도 없는 사람이라고 생각하게 된다.

칭찬을 할 때는 '그 자리에서', '눈을 보고', '머리를 쓰다듬으며' 한다

　교육의 기본은 '칭찬하고 꾸짖는 것'이 아니라 '함께 즐거워하는 것'이다. 하지만 아이에게서 칭찬을 받고 싶어서 노력하는 모습이 보일 때에는 적절하게 칭찬을 해주는 것도 중요하다.

　그 비결은 ❶그 자리에서, ❷눈을 보고, ❸머리를 쓰다듬으며의 세 가지다.

　우선, 칭찬을 하는 타이밍은 '그 자리에서'가 철칙이다. 심리학 실험에서도 어떤 행동에 대해 보수가 주어질 때까지의 시간이 짧을수록 능력이 향상된다는 결과가 있다. '눈을 보고'는 커뮤니케이션의 기본이다. 눈을 보지 않으면 아이는 "진심이 아냐. 말뿐이야"라고 받아들인다. 10세 정도까지는 '머리를 쓰다듬으며' 칭찬하는 것도 효과적이다. 칭찬하는 말이 스킨십이 주는 안정감과 합쳐져 아이의 마음에 더욱 쉽게 전달되기 때문이다.

아이의 행동을
잘 관찰하고
구체적으로 칭찬하라

"아이를 칭찬하고 싶은데 '대단해!', '똑똑해!'라는 말밖에 할 말이 없어요. 그래서 결국 하나의 패턴이 만들어져서 칭찬해주고 싶은 마음이 아이에게 제대로 전달되지 않는 것 같아요"라고 고민하는 어머니들이 있다.

칭찬을 잘 하는 사람의 특징은 관찰을 잘 한다는 것이다. 아이의 실제 행동을 유심히 살펴보기 때문에 아이가 노력한 행동에 대해 구체적으로 칭찬할 수 있다.

초등학교 교사의 교육카운슬러로 일했던 오야노 치카라 씨의 저서 《부모가 노력하지 않아야 아이가 성장한다》에 이런 이야기가 나온다.

오야노 씨가 담당하고 있던 도예공작반에 그림을 잘 그리는 남자아이가 있었다. 여자 선생님을 모델로 교내 미술전시회용 밑그림을 그리는 모습을 지켜보고 있는데 실력이 정말 뛰어났다. 그래서 "그림을 정말 잘 그리는구나" 하고 칭찬을 했는데 아이는 전혀 기뻐하지 않았다.

오야노 씨는 그 아이의 모습을 관찰해보기로 했다. 마침 밑그림이 완성되고 색칠하는 단계에 들어섰는데, 아이는 손과 팔을 몇 번이나 색깔을 바꿔 덧칠하고 있었다. 오야노 씨는 그 순간 뭔가를 느끼고 그림을 걷을 때 이렇게 말해주었다.

"손과 팔의 입체감과 윤곽이 잘 표현되었구나. 피부의 밝은 부분에서 어두운 부분까지 조금씩 색깔을 바꾸었기 때문에 이렇게 잘 표현할 수 있었던 거야."

그러자 아이는 싱긋 미소를 지어 보였다.

자기 스스로 생각해낸 부분에 대해서 구체적으로 칭찬을 받으면 말로 표현할 수 없을 정도로 기쁠 것이다. 그런 기분이 들게 하려면 시험에서 백 점을 받거나 그림을 그려서 상을 받았다고 그 '결과'만을 칭찬할 것이 아니라, "내가 노력한 부분이 어떤 것인지 잘 알고 칭찬해주는 거야!"라는 기분이 들도록 아이가 구체적으로 노력한 행동을 살펴보고 칭찬해야 한다.

예를 들어, 아이가 시험에서 백 점을 받았다고 해보자. 일반적으로는 "백 점을 받았구나! 대단한데!"라고 칭찬할 것이다. 그러나 아이가 '구체적으로 노력한 행동'에 초점을 맞추면 다음과 같이 칭찬 방법이 바뀐다.

- "매일 저녁 먹기 전에 열심히 공부했지? 그래서 이렇게 좋은 성적이 나왔구나. 역시 믿음직해." (노력의 과정을 칭찬한다)
- "30분 만에 20문제나 풀었다고? 계산하는 속도가 엄청 빨라졌네. 기특해라." (변화를 구체적으로 칭찬한다)
- "이 문제, 지난번에는 틀렸었는데 이제는 술술 풀게 되다니, 정말 많이 노력했구나." (변화를 구체적으로 칭찬한다)

칭찬할 부분이
없는 아이는
어떻게 해야 할까?

"아이의 노력을 함께 즐거워하며 가르치고 싶다",
"칭찬을 통하여 기르고 싶다"라고 생각해도 툭하면 준비물을
잊어버리고 공부도 운동도 잘하는 것이 없다고 생각할 수도
있다. "우리 아이는 칭찬할 부분이 없어요"라고 한숨을 내쉬
는 엄마들도 적지 않다.

하지만 아이를 잘 관찰해보자. 아이의 구체적인 행동을 잘
관찰해보면 나름대로 '노력하고 있는 부분(칭찬을 하거나 함께
즐거워할 수 있는 부분)'은 얼마든지 있을 것이다.

- 숙제를 전혀 하지 않던 아이가 조금이라도 스스로 숙제를 하기 시작했다면 "어머, 혼자 숙제를 하다니 기특하네, 우리 아들" 하고 칭찬해주자. 글씨가 엉망이라고 해도 그 부분은 눈감아준다.
- 글자를 10번 쓰는 숙제에서 2번까지는 깨끗하게 잘 썼다면 "우리 아들, 열심인데? 두 번째까지는 정말 예쁘게 잘 썼다. 멋져!" 하고 칭찬해준다.
- 늦잠을 자는 아이라면 "어제보다 5분 일찍 일어났네? 듬직한 우리 아들" 하고 전보다 나아진 부분을 구체적으로 인정하며 칭찬해준다.

그렇게 사소한 부분까지 칭찬해줘야 하는 것인지 의문을 느끼는 이들도 있을 수 있다. 하지만 엄마 입장에서 보면 당연한 숙제나 생활습관도 아이의 입장에서는 매우 어려운 일일 수 있다. 칭찬을 하는 기준과 눈높이를 낮추고 아이의 '작은 노력'을 찾아보자. 그렇게 하면 '게으름뱅이', '툭하면 준비물을 잊어버리던 아이'가 조금씩이라도 나아지고 있는 모습이 보일 것이다.

칭찬을 한다고
'자신감 과잉'이
되는 것은 아니다

칭찬을 하면 대부분의 남자아이는 기분이 좋아서 들뜬 모습을 보인다. "나는 이렇게 대단한 사람이야"라고 친구에게 자랑을 하기도 한다. 이것은 남자아이의 지극히 자연스러운 반응이다.

이런 모습을 보고 "나중에 학력이나 과거의 영광을 자만하고 잘난 척하는 사람으로 자라는 게 아닐까?", "자신감이 지나쳐서 고생하게 되는 건 아닐까?" 하는 걱정을 한다면, 그런 걱정은 버리는 것이 좋다. 그대로 내버려두어도 언젠가 사회의 현실이 얼마나 혹독한지 깨닫게 될 테니까.

- 노래를 잘한다고 생각했는데 학예회 뮤지컬에서 주인공
  으로 선발되지 못했다.
- 공부를 잘한다고 생각했는데 학원에서는 가장 수준이 낮
  은 하위 클래스에 들어갔다.
- 달리기를 잘한다고 생각했는데 릴레이경주 선수로 뽑히
  지 못했다.

이처럼 아이는 학교생활이나 운동, 공부, 시험 등을 통해
반드시 자신의 실력을 깨닫게 된다. 부모가 굳이 "네 실력은
대단한 게 아냐"라고 말하며 아이를 실망시킬 필요는 전혀
없다. 자신감을 가지고 싶어도 가질 수 없는 현실은 얼마든지
존재하기 때문이다. 자랑하기 좋아하는 아들의 기를 죽이지
말고 그냥 미소를 지으며 "그렇구나……" 하고 자연스럽게
받아들이도록 하자.

그렇다면, 자랑하기를 좋아하는 남자들이 줄어들지 않는
이유는 무엇일까? 그런 남자들은 있는 그대로의 모습 그대로
는 자기 스스로 승부를 겨룰 자신이 없는 사람들이다. 사실은
자신감이 없기 때문에 자신을 좀 더 커 보이게 하고 싶어서

직업이나 과거의 영광을 내세운다.

어린 시절에 칭찬을 듬뿍 들어 자신감이 갖추어진 남자아이일수록 오히려 다른 사람들로부터 소외를 당하게 되는 자만에 가득 찬 행동은 하지 않는다.

생명의 위험이나
다칠 우려가 있을 때에만
꾸짖는다

"학교에서 학부모에게 보낸 가정통신문이 가방 안에서 나온 거예요. 그래서 야단을 쳤지요. 아이도 자기가 잘못했다는 사실을 알고 있어요. 그런데도 결국 늘 같은 일이 되풀이되니까……. 그렇게 약속을 했는데, 왠지 배신당한 기분이 들어서……."

아들을 둔 어머니라면 누구나 한 번은 경험한 적이 있을 것이다.

좀 더 어린 아이의 경우에는,

- "뛰지 마!" 하고 주의를 주었는데 또 뛰어다니다가 넘어진다.
- "음식 가지고 장난하는 거 아냐!"라고 말한 직후에 음식을 집어던진다.
- "어지르지 마!"라고 말하고 있는데 그 옆에서 더 어지르고 있다.
- "위험하니까 올라가지 마!"라고 말했는데 다음 날 또 담장 위에서 놀고 있다.

이런 상황이 반복된다. 엄마도 인내심의 한계에 이른다. 그러나 이것이 정말로 꾸짖어야만 하는 행동들일까?

혼잡한 지하철역이나 마트에서 이리저리 뛰어다니거나, 떨어지면 뼈가 부러질 수 있는 높은 장소에서 뛰어노는 행위는 확실히 부상을 입을 수 있는, 나아가 생명까지도 위험해질 수 있는 행동이다. 이처럼 '생명과 관련이 있는 위험한 행동'에 대해서는 엄격한 태도로 야단을 쳐야 한다. 그러나 가정통신문을 잊어버리거나 정리정돈을 하지 않는 것, 숙제를 하지 않는 등의 행동들은 부모를 초조하고 불안하게 만들기는 해도 생명과 관련이 있는 것은 아니다. 따라서 아이를 위협하는 듯한 엄한 태도로 꾸짖을 필요는 없다. 설사 꾸지람이 효과를 발휘했다고 해도, 이런 꾸지람으로는 "야단을 맞으니까 ~을 한다"라는 타율적인 행동 패턴이 갖추어지게 될 뿐이다.

- 평소에는 수업시간에 시끄러운 아이이지만 부모가 수업을 참관하러 왔을 때에만 얌전해진다.
- 부모 앞에서는 얌전하지만 부모가 없으면 바로 친구의 머리를 때리기 시작한다.

이렇게 부모 앞에서만 착한 아이인 척 '연기'하는 아이가 최근 들어 부쩍 증가하고 있다. 물론, "가정통신문을 제대로 전해주지 않으면 엄마가 난처해지잖아. 그러니까 앞으로는 반드시 전해주어야 한다"라고 끈기 있게 주의를 줄 필요는 있다. 하지만 "제발 좀! 잊어버리지 말고 똑바로 하란 말이야!"라고 신경질적으로 고함을 지르면 "나는 역시 부족한 아이야"라는 생각에 자존심만 상할 뿐 행동은 개선되지 않는다.

무섭게 말하지 않으면 말을 듣지 않는다는 것은 부모의 생각이다. 부모가 고함을 지르는 이유는 결국 참을성 있게 타이르는 것보다 손쉽기 때문이다.

아들을 키우려면 무엇보다 부모의 참을성이 필요하다. 부모도 아이와 함께 성장하기 위해 침착하게 몇 번이나 되풀이해서 타이르는 연습을 쌓아야 한다. 그런 과정이 반복되면 신경질적으로 고함을 지르는 버릇은 고칠 수 있다.

어쩔 수 없이
꾸짖어야 할 때 알아야 할
세 가지 포인트

아이를 키우다 보면 어쩔 수 없이 꾸짖어야 할 때도 있다. 남자아이를 꾸짖을 때 유념해야 할 점에는 어떤 것들이 있을까? 다음 세 가지다.

인격이나 존재를 부정하는 말은 하지 않는다

부모는 자기도 모르게 "이런 짓을 저지를 아이라고는 생각하지 않았는데 이게 도대체 뭐니?"라는 식으로 아이의 인격을 부정하는 말을 입에 담기 쉽다. 하지만 잘못된 것은 아이 자신, 즉 아이의 '인격'이 아니라, 아이가 한 '행동'이다. 인격을 부정하는 말은 사용하지 말아야 한다.

- ☁ "너는 도대체 애가 왜 그러니!"
- ☁ "너 같은 아이는 낳지 말았어야 했어!"
- ☀ "이런 행동은 하면 안 되는 거야. 왜냐면……."
- ☀ "높은 곳에서 사람을 떠밀면 안 돼. 왜냐면……."

이처럼 아이의 인격을 무조건 매도할 것이 아니라 확실하게 이유를 설명하면서 꾸짖어야 한다.

꾸짖는 이유를 확실하게 설명한다

부모가 고함만 질러대면 아이는 자기가 왜 꾸지람을 들어야 하는 것인지 이해하지 못한다. 따라서 어떤 점이 잘못된 것인지 분명하게 설명해야 한다.

- ☁ "너 뭐하는 거야!
- ☁ "어떻게 그런 짓을 할 수가 있어! 너 바보니?"
- ☀ "친구 장난감을 함부로 빼앗으면 안 돼. 빌려달라고 말

해야지."

☀ "동생을 그렇게 때리면 안 되는 거야. 동생은 ~니까."

꾸지람을 듣지 않으려면 다음에는 어떻게 행동해야 하는지 가르쳐
준다

아이가 해서는 안 되는 행동을 하거나 같은 잘못을 되풀
이했을 때는 악의가 있어서가 아니라, 단순히 '어떻게 해야
좋을지 모르기 때문에' 그런 행동을 하게 되는 경우가 적지
않다.

☀ "다음부터는 그네를 타고 싶으면 차례를 기다리는 거
  야. 알았지?"
☀ "친구 장난감을 가지고 놀고 싶으면 빌려달라고 말해야
  되는 거야."
☀ "기분 나쁘거나 화가 나는 일이 있으면 동생을 때리지
  말고 엄마에게 말해. 알겠니?"

이렇게 구체적인 방법을 가르쳐주는 것이 단순히 꾸짖는

것보다 아이의 행동을 개선하기 쉽다.

반복적인 체벌은 절대 금물

아이가 정말로 위험한 행동을 했을 때에는 왜 위험한 것인지 확실하게 설명한 뒤에 가볍게 손바닥으로 때리는 정도의 체벌은 있을 수 있다. 그러나 다음과 같은 체벌은 부모에 대한 불신감만 낳을 뿐, 도움이 되는 것이 아무것도 없다.

- 설명은 하지 않고 갑자기 손부터 나간다.
- 대단한 이유도 없이 때린다.
- 아이 입장에서 보아도 부모가 자신을 때리는 것이 버릇이 되었다는 사실을 알고 있다.

체벌을 할 때는 아이 자신이 "맞을 짓을 했다"는 점을 깨달을 수 있도록 아이에게 확실하게 이유를 설명한 뒤에 애정을 담아 가볍게 시늉만 내도록 한다.

아이를 키우다 보면 화가 치밀어 올라 자기도 모르게 손이 나가는 경우가 흔히 있다. 하지만 그런 행동을 되풀이하면 아이의 마음속에 부모에 대한 증오심이 자란다. 그 결과, 일부러 부모를 난처하게 만드는 행동을 하거나 부모를 경멸하게 되어버린다.

외동아들과
형제가 있는 아이,
어느 쪽이 행복할까?

외동아들에게는 외동아들만의 장점이, 형제가 있는 아이에게는 형제가 있는 아이만의 장점이 있다.

외동아들을 둔 부모는 흔히 "우리 아이는 외동아들이기 때문에 약해요"라며, 외동아들에게 부정적인 이미지를 가지고 있는 사람이 많이 있는데, 그렇지 않다.

외동아들의 장점은 뭐니 뭐니 해도 형제들 사이의 싸움이나 경쟁에서 상처를 받을 일이 없다는 것이다.

남자아이에게 특히 큰 상처로 남는 것이 형이나 남동생과 비교를 당해 부정적인 평가를 받는 것이다. 이는 자존심에 상처를 받을 뿐 아니라 "엄마는 나보다 형을 더 사랑해"라는 콤플렉스가 싹터 심리가 왜곡되기 쉽다. 형제와 비교를 당해 "나는 능력이 부족하다"는 마음을 가지게 되면서 인생 자체를 포기하게 되거나 비행을 저지르게 되는 아이도 있다.

육아 카운슬링을 하다 보면 남자 형제들 간의 싸움에 관한 고민이 엄청나게 많다. 그중에는 서로 주먹다짐을 할 정도로 거친 싸움을 매일 되풀이하는 형제도 있다. 엄마들은 눈물을 흘리면서 "남자아이는 그래서 싫어요"라고 말한다.

물론, 형제 관계에는 좋은 라이벌로서 경쟁을 벌이거나 인간관계 형성 방법을 배우는 등 긍정적인 측면도 많이 있다. 이러한 긍정적인 면을 살리기 위해서라도 형제끼리 비교하는 말은 절대로 해서는 안 된다.

"형은 엄마 말을 잘 알아듣는데 너는 왜 말귀를 못 알아듣니?"

"동생은 공부를 저렇게 잘하는데 너는 형이면서 왜 그 모양이니?"

이렇게 부모가 아무렇지 않게 입에 담는 "형은……", "동생은……"이라는 말이 아이의 마음에 깊은 상처를 남긴다.

아무도 상처받지 않는,
형제간 싸움을
중재하는 방법

　　형제끼리의 싸움이라고 가볍게 생각하지 말자. 매일 되풀이되는 현상이기 때문에 형제간의 싸움에서 지는 쪽은 엄청난 트라우마(심리적 상처)를 입게 되고, 그 상처가 그대로 남아 수십 년이 지난 이후에도 고통을 받는 경우를 나는 수없이 보아왔다.

　　형제의 나이가 비슷할수록 싸움은 치열해진다. 특히 나이터울이 네 살 이내일 경우, 생명의 위협을 느낄 정도로 심한 싸움을 하기도 한다. 이런 경우, 양쪽 모두 납득할 수 있도록 싸움을 말린다는 것은 정말 어려운 일이다.

예를 들어 무엇이건 흉내 내고 싶어 하는 세 살배기 동생, 그것을 싫어하는 다섯 살짜리 형. 처음에 문제를 일으키는 쪽은 동생이지만, 힘을 이용해서 동생을 울리는 형도 나쁘다. 이럴 때 여러분이라면 어떻게 해결할 것인가?

부모는 자기도 모르게 "둘 다 나빠!"라고 고함을 지르게 된다. 실제로 어른의 입장에서 보면 양쪽 모두 문제가 있다. 하지만 그런 태도를 취하면 형이나 동생 모두 "엄마는 나를 이해해주지 않는다"라고 불만을 품게 된다. 아이에게는 각자 나름대로의 이유가 있기 때문이다.

중요한 것은 양쪽의 이유를 모두 귀 기울여 들어준 뒤에 "그럼 어떻게 하면 좋을까?" 하고 함께 생각해보는 것이다. 아이들이 '엄마는 나를 이해해주고 진지하게 내 말을 들어주는 사람'이라고 생각하게 하기 위해서다.

그러나 싸움이 일어나면 당연히 이기는 쪽과 진 쪽이 생긴다. 그럴 때는 우선, 싸움에서 진 쪽을 다독여준다. 그렇게 하면, 싸움에서 지는 쪽은 동생인 경우가 많기 때문에 형이 동생을 때리지 않게 된다.

그렇다고 형을 그대로 내버려두면 "왜 나만 나쁜 거야?"

하고 불만을 품게 되는 원인이 될 수 있다. 따라서 시간이 있을 때 동생은 아빠에게 맡기고 반드시 형도 엄마를 독점할 수 있는 시간을 만들어주어야 한다.

남자아이는 엄마와 단둘이 있을 수 있는 시간을 원한다. 다른 형제와 함께 있을 때에는 자신이 사랑받고 있다는 사실을 느끼지 못한다. 단둘이 앉아 따뜻하게 안아주고 빰에 뽀뽀를 해주도록 한다.

덧붙여, 형제 사이에 네 살 이상 터울이 있을 때는 '외동아들 두 명과 같은 상태'가 되어버리는 경우가 적지 않다. 따라서 가끔씩 형이 동생을 돌보아주도록 하여 형제가 함께 보낼 수 있는 시간을 만들어주는 것이 바람직하다. 형은 동생을 돌보아주는 것을 통해 성장할 수 있고, 동생의 응석도 형에 의해 충족될 수 있다.

2장

집안일을 돕는 습관이
아이의 미래를 결정한다

집안일을 돕는 습관이
왜 중요할까?

아들이 20대가 되었을 때 일에 대한 의욕이나 연애, 결혼에 대한 의욕이 있는 '어엿한 어른'으로 성장할 수 있도록 하기 위해 초등학생 시절부터 해두어야 할 일이 무엇이라고 생각하는가?

게으른 사람이 되지 않도록 어린 시절부터 엄하게 길러야 할까? 시험에서 나쁜 성적을 받지 않도록 노는 시간을 줄여 학원에 다니게 해야 할까? 대답은 모두 "NO"다.

남자아이가 어른이 되어 직업을 가지고 결혼할 수 있는 '어엿한 남자'로 성장시키기 위해 부모가 해야 할 일, 그것은 바로 집안일을 돕게 하는 것이다.

이를 증명해 보이는 흥미로운 조사 결과가 있다. 내가 가르치는 한 학생이 취업 준비를 주제로 졸업논문을 쓰기 위해 학생 약 2백 명을 대상으로 설문조사를 실시했다. 그 결과, 취업 준비에 열성을 보이는 남학생들에게서 어떤 공통점을 발견할 수 있었다. 다름 아니라, 초등학생 시절에 집안일을 도왔던 경험이었다. 그들은 모두 어린 시절부터 욕실 청소나 요리 등 집안일을 일상적으로 도와주는 습관이 있었던 것이다.

이와 같이 집안일을 돕는 '도우미 역할'을 통해 남자아이는 장차 취직을 하거나 결혼해서 가정을 꾸리는 데 기본이 되는 세 가지 능력을 갖출 수 있다.

풋워크(footwork) 능력이 갖추어진다

초등학생 시절부터 몸을 자주 움직이는 습관을 갖추면 남자아이가 직업인으로서 바로 서는 데 도움이 된다.

어린 시절부터 엄마에게 "너는 남자니까 공부만 잘하면 돼"라는 말만 듣게 되면 무슨 일이 있어도 몸을 움직이는 것을 귀찮아하는 아이로 자란다. 이 습관이 10대 후반이나 20

대까지 이어지면 취직이나 결혼을 거부하게 되고, 경우에 따라서는 은둔형외톨이가 될 수도 있다.

역할을 완수하는 기쁨, 다른 사람에게 도움이 되는 기쁨을 체험할 수 있다

집안일을 돕는 도우미 역할에는 인간으로서의 성장을 촉진하는 효과가 있다. 주어진 집안일을 확실하게 완수하는 과정을 통해 "나는 내게 주어진 역할을 확실하게 해낼 수 있다", "나는 다른 사람에게 도움이 되는 존재다"라는 자신감이 길러진다. 아이의 '자기유용감(나는 다른 사람을 위해 해야 할 일이 있다는 자신감)'이나 '자기공헌감(나는 다른 사람이나 사회에 도움이 되는 사람이라는 자신감)'이 사회에 도움이 되는 기쁨이 무엇인지 깨닫게 해주고, 일을 통해 나의 가치를 느끼고 싶다는 마음을 길러준다.

어린 시절에 다른 사람에게 도움이 되는 즐거운 경험이 부족하면 아이는 사회로부터 분리된 장소에서 자신의 가치를 느끼려 하게 된다. 이것이 장차 은둔형외톨이와 연결되기 쉽다.

힘든 상황에 맞서는 능력을 갖출 수 있다

도우미 역할 체험을 통해 얻은 자기공헌감이라는 자신감은 앞으로 여러 가지 힘든 상황을 이겨내는 원동력이 된다. 물론 공부나 운동을 잘하는 것도 아이의 자신감으로 작용하지만, 승패가 없다는 것이 도우미 역할의 장점이다. 세탁물을 깨끗하게 개어놓지 못했다고 해서 '졌다'는 기분을 느끼지는 않는다. 도우미 역할은 승패나 실패에 신경 쓰지 않고 자신감을 기를 수 있는 매우 좋은 기회다.

무엇이건 대충대충 처리하려 하는 거친 남자아이에게 도우미 역할을 부탁한다는 것이 엄마 입장에서 보면 불안할 수도 있다. "내가 하는 게 편하지" 하는 생각에 결국 자신이 직접 처리하는 이들도 많다. 하지만 아이가 30~40세가 되었을 때 어엿한 성인이 되어 있기를 바란다면 공부나 운동 이상으로 도우미 역할을 시켜야 한다.

샐러드를 먹을 때 드레싱이 식탁에 올라오는 것은 당연하다. 하지만 오늘부터는 드레싱을 올려놓지 말자. 대신 아이 스스로 냉장고에서 드레싱을 꺼내 오게끔 해보자.

"아 참, 엄마가 드레싱을 잊어버렸구나. 다음부터는 엄마가 말하지 않아도 ○○가 드레싱을 꺼내놓으면 정말 도움이 되겠다. 너는 잘할 거야, 그렇지?"

이것만으로 아들의 미래는 훨씬 밝아질 것이다.

5세까지
'도우미 역할'을
습관화시킨다

집안일을 돕는 것은 습관성이 강해서 매일 되풀이하다 보면 그것을 당연시하게 된다. 하지만 갑자기 "오늘부터 집안일 좀 도와줘"라는 말을 들으면 아무리 어른이라고 해도 "왜 내가……" 하는 생각에 귀찮다는 기분이 들 것이다. 아이는 당연히 더 귀찮게 느껴진다.

따라서 "왜 내가 이런 일을 해야 하지? 그냥 엄마가 하면 되잖아"라는 의문을 이야기하기 전, 즉 4~5세 안에 집안일을 돕는 습관을 갖추게 하는 것이 가장 바람직하다.

두 살배기 어린아이라고 해도 "이 쓰레기 좀 버려주면 엄마가 편할 텐데"라고 말하면 기꺼이 쓰레기를 버린다. 아이가 하고 싶어 하는 일을 맡겨도 좋고, 꽃에 물을 주거나 수건을 개는 간단한 일부터 시작해본다.

아이는 부모가 기뻐하는 일, 부모에게 도움이 되는 일을 하는 것을 좋아한다. 이러한 마음의 싹을 아름답게 키워주는 것이다.

남자아이에게 도움을 부탁할 때는 다음과 같은 점에 주의하라.

실패를 전제로 한다

애당초 남자아이에게 도우미 역할을 시키는 목적은 시행착오 경험을 쌓게 하려는 것이다. 아들에게 도움을 청할 때는 처음부터 도움이 되리라는 생각은 하지 말자. '남자아이의 도움 = 실패'라는 전제로 시작해야 한다.

딸인 엄마는 어린 시절에 자신이 집안일을 도왔던 이미지가 강하기 때문에 '도움 = 엄마를 돕는 것'이라고 생각하기 쉽다. 하지만 아들은 엄마의 이미지대로 움직여주지 않는다.

"우유를 컵에 담아서 테이블에 갖다놓으렴" 하고 부탁하면 일반적인 남자아이는 대부분 컵에 우유가 넘치게 따르거나 운반하는 도중에 엎지른다.

잘할 거라는 기대를 가지기 때문에 초조해지고 답답해지는 것이다. 아이가 도우미 역할을 시작한 첫 시점에는 "잘 못하는 건 당연해", "나중에 내가 다시 처리해야지"라는 마음을 가져야 한다.

실패해도 화내거나 꾸짖지 않는다

엄마가 식사 준비나 동생을 돌보느라 바쁠 때 아들이 우유를 엎지르거나 접시를 깨뜨리면 "그래서 조심하라고 했잖아!", "쓸데없이 일을 왜 만들어!"라고 자기도 모르게 화를 내는 이들도 있다.

아이는 엄마를 기쁘게 해주려고 나름대로 열심히 도우려 한 것이다. 그런데 험상궂은 표정으로 꾸짖는다면 "다시는 도와주지 않을 거야", "나는 어차피 도움이 안 돼" 하고 불만을 품게 된다.

"어머, 놀랐지? 괜찮니? 다음에는 잘할 수 있을 거야."

"실수는 했지만 괜찮아. 엄마를 도와주려 하다니, 기특한 우리 아들."

이렇게 "실수해도 괜찮아. 엄마는 너를 믿어"라고 격려하여 아이가 "실수를 할 수도 있어"라고 생각할 수 있도록 해야 한다.

실수한 이후의 뒤처리 방법을 가르쳐주고 올바른 방식을 생각하게 한다

예를 들어, 아이가 접시를 나르다가 실수를 하여 깨트렸다고 하자. 초등학생 남자아이라면 "걸레 좀 가져올래? 이렇게 닦으면 돼. 그래, 고마워" 하고 함께 뒤처리를 하면서 방법을 가르쳐준다. 꾸짖는 것보다 함께 치우면서 올바른 방법을 가르쳐주면 아이는 "실수했다고 끝난 건 아니야. 올바른 방법을 배우면 되는 거야" 하고 긍정적인 마음을 가지게 된다.

만약 여유가 있다면 "어떻게 하면 잘할 수 있을까?", "다음에는 어떻게 해야 좋을까?" 하고 아이 자신이 방법을 생각하도록 유도하는 것도 효과적이다. 아이가 다음에 같은 일을 했을 때 자신이 생각한 방법으로 성공을 거둔다면 커다란 자신감을 얻게 될 것이다.

"엄마가 나중에 다시 정리할 테니까 그냥 내버려둬."

"왜 이렇게 서투니! 두 번 일을 해야 하잖아!"

이렇게 불만을 드러내는 경우도 있다. 하지만 이런 행동은 절대 금물이다. 만약 남편이 "당신은 왜 그렇게 빨래를 못하는 거야. 내가 세탁기 다시 돌렸잖아"라고 말한다면 당연히 화가 나지 않을까? 똑같은 행동을 아이에게 하지 않도록 주의하자.

집안일을 도와주었을 때 용돈이나 상을 주어도 될까?

집안일을 도와준 아이에게 용돈이나 상을 주는 것이 어떨지 몰라 고민하는 이들도 많을 것이다. 나는 나쁘지 않다고 생각한다. 다른 사람에게 도움이 되는 일(도우미 역할)을 하면 자신에게 좋은 일(용돈)이 돌아온다는 세상의 법칙을 현실적으로 가르쳐줄 수 있기 때문이다.

구체적으로는 어떤 상을 주어야 할까?

나는 '토큰 이코노미(token economy)'라는 방법을 권하고 싶다. 토큰 이코노미는 행동요법에서 이용하는 방법 중 하나로, 아이가 바람직한 행동을 취했을 때 돈을 대신하는 대체 화폐(토큰)로서 스티커를 붙여주는 식의 상을 주는 것이다. 그것이 일정량 모이면 상품과 교환하여 바람직한 행동을 강화해나가는 구조다.

집안일을 도울 때마다 이 방법을 매일 실천해보라. 예를 들어 집안일을 도우면 표에 동그라미가 그려진 스티커를 붙여주고, 스티커를 10장 모으면 초콜릿, 30장 모으면 게임을 1시간 할 수 있다는 식으로 상품과 바꾸어준다.

직접 용돈이나 상품을 주는 것보다 포인트나 스티커를 모으는 것이 훨씬 재미있고 아이의 의욕을 일깨운다. 우리가 포인트를 주는 가게를 찾아가는 것과 같은 심리다. 집안일을 도우면 즉시 포인트가 주어지고 그것이 모이면 커다란 상품으로 바뀌는 시스템은 자발적인 의욕을 자극한다.

"집안일을 도왔다고 상을 준다는 것이 내키지 않아요"라고 말하는 사람들도 있는데 진지하게 생각해보자. 어른들도 "이걸 빨리 치우면 차 한 잔 마실 시간이 있겠다", "이 일을 끝내면 여행을 갈 수 있으니까 빨리 처리해야지"라는 식으로 지극히 평범한 상을 기대하며 행동하고 있지 않은가? 내 경우에는 열심히 원고를 쓴 날에는 여느 때보다 약간 값비싼 고급

다크초콜릿을 먹는다.

아이는 처음에는 상을 받기 위해 집안일을 도와주지만 그것이 습관화되면 자발적으로 돕게 된다. 토큰 이코노미는 사용하기에 따라 남자아이에게 성취감("나도 할 수 있다!")을 안겨주면서 집안일을 돕는 습관을 갖추게 하는 중요한 무기가 된다.

상을 주는
방법에도
비결이 있다

"상을 주지 않으면 도와주지 않아요."

"도와주는 태도가 어정쩡해서 스티커를 붙여주지 않았더니 아이가 의욕을 잃어버렸어요."

이렇게 상을 활용했다가 실패를 경험하게 되는 사례도 많이 있다.

상을 주는 방식을 효과적으로 실행하려면 다음과 같은 점에 주의해야 한다.

도와주는 내용과 스티커의 수는 아이와 의논해서 구체적으로 결정한다

어떤 일을 도와줄 것인지 가능하면 아이 자신이 선택하도록 한다. 이것은 자신이 결정한 것을 스스로 달성하는 훈련이 된다. 단순히 "설거지를 한다"라고 애매하게 정해버리면 접시 하나를 닦고 설거지를 했다고 주장하는 경우도 생길 수 있다. 그럴 경우, 부모는 "그 정도 가지고는 포인트를 줄 수 없어!"라고 말하여 아이의 의욕을 저하시키기 쉽다.

'스스로 설거지를 모두 끝내면 3점', '엄마가 부탁해서 설거지를 끝내면 2점', '도중에 그만두면 1점'과 같이, 도와주는 내용과 포인트를 가능하면 구체적으로 정해두도록 하자.

상품은 돈보다 물건으로 준다

상품으로 용돈을 주는 것도 반드시 나쁜 것은 아니다. 그러나 아이의 의욕을 북돋우려면 도움 하나하나에 스티커 등의 포인트를 이용한 보수를 제공하고, 그것이 모이면 현물과 교환하도록 하는 쪽이 바람직하다. 연속적인 노력을 촉진하는 효과도 있기 때문이다.

게임을 좋아하는 아이라면 '5포인트에 게임 30분', 과자를 좋아하는 아이라면 '5포인트에 초콜릿 한 개'라는 식으로 정해두면 아이의 의욕을 적극적으로 이끌어낼 수 있다. 게임 소프트웨어나 자전거 등 값비싼 것을 원한다면 '자전거는 1백 포인트'와 같이 포인트를 높이 설정한다.

중학생이 되면 평소에 용돈은 일정하게 정해진 만큼만 주고 옷이나 컴퓨터 등 특별한 물건에 대해서는 포인트를 이용하여 구입해주는 것도 한 가지 방법이다.

"고마워. 엄마가 한시름 놓았어" 하고 고마운 마음을 전한다

이것이 가장 중요한 부분이다. 아이가 자발적으로 집안일을 도우려는 마음을 가지도록 하려면 도움을 준 직후에 "고마워, 덕분에 깨끗해졌어!", "엄마가 한시름 놓았어", "네가 도와주어서 엄마가 정말 큰 도움이 되었어" 하며 고마운 마음을 그대로 전해주어야 한다. 그렇게 하면 아이는 상품 이상으로, 엄마가 기뻐하는 얼굴을 보고 싶은 마음에서 기꺼이 도와주게 된다.

"상을 주지 않으면 도와줄 생각을 하지 않아요. 어떻게 해야 좋을지 모르겠어요."

흔히 들을 수 있는 걱정이다. 이런 걱정이 생기는 이유는 고마운 마음을 제대로 전하지 않기 때문이다.

집안일을 돕는 것이 당연하다고 생각하면 고맙다는 말을 놓치기 쉽다. 하지만 입장을 바꾸어 생각해보자. 엄마 자신도 매일 일상적으로 되풀이되는 집안일에 대해 가족들이 "고마워, 잘 먹었어"라는 말을 해준다면 당연히 기분이 좋을 것이다. 그러니까 아이가 집안일을 도와주었을 때에도 반드시 고맙다는 말을 전하도록 하자.

"왜 내가
집안일을 도와야 돼?"라고
질문할 경우

"왜 내가 집안일을 도와야 돼?"

"설거지는 하기 싫어. 그건 엄마가 할 일이잖아."

"엄마, 보리차 줘! 응? 갖다 먹으라고? 아빠는 갖다주면서
왜 나는 갖다 먹으래?"

아들이 이렇게 대꾸하는 경우도 있는데 그 이유는 아들의
마음에 '집안일 = 엄마(여성)의 일'이라는 도식이 이미 형성
되어 있기 때문이다. 그럴 경우, 집안일은 사실은 엄마가 해
야 할 일인데 대신 해달라는 것이라는 생각이 강하기 때문에
쉽게 도와주려 하지 않는다. 하지만 걱정할 것 없다. 아직 늦

지 않았으니까.

남자아이의 뇌에 자리 잡고 있는 특유의 '팀 의식'을 활용하는 것이다. 최근의 뇌과학에서는 남자아이와 여자아이의 뇌에 차이가 있다는 사실을 밝혀냈다. 남자아이는 동료를 위해 일할 때 뇌의 활동이 활성화된다는 것이다. 남자아이는 천성적으로 동료, 즉 팀를 위해 일하는 것을 좋아하도록 형성되어 있는 생물이다.

따라서 아빠의 협력이 중요하다. 같은 남자인 아빠가 앞장서서 집안일을 도우면 "가족은 한 팀이야. 나는 팀의 일원으로서 해야 할 역할이 있어"라는 생각을 가지게 할 수 있다.

게임을 하면서 놀고 있는 아이 옆에서 할 일 없이 뒹굴고 있는 아빠가 "엄마 좀 도와드려"라고 말하면 아이는 움직이지 않는다. 빈 그릇을 치우고 쓰레기를 버리고 물건을 사오는 등 간단한 심부름이라도 상관없다. 아빠가 아들에게 "같이 하자", "우리가 엄마 좀 도와드리자"라고 이끌면 된다.

초등학교 3~6학년 즈음의 남자아이는 아빠를 통해 사회성을 배우는 시기이기도 하다. 이 팀(가족)에서는 다른 멤버를 위해 서로 돕는 것이 당연하다는 사회성을 길러주는 것이 앞으로 일에 대한 의욕, 취업에 대한 의욕을 높이는 결과를 가져온다.

모자가정에서도 이 같은 '팀 의식'은 중요하다. 특히 남자 형제인 경우 형이 동생에게, "우리가 엄마를 도와드리자" 하는 팀 의식을 발휘할 수 있도록 가르칠 수 있다면 정말 바람직하다. 아이가 성장한 후 일에 대한 의욕을 길러줄 뿐 아니라 아내를 사랑하는 마음도 기를 수 있다.

3장

나약한 정신력을 극복하는
공부 방법

자기이미지가
높은 아이가
공부도 잘한다

공부를 잘하는 아이로 키우는 방법과 관련된 책이 많이 출간되어 있다. 천성적으로 갖추고 태어난 지능이 그다지 뛰어나지 않더라도 좋은 성적을 올리는 아이도 많다. 이런 아이들의 공통점은 무엇일까? 바로, "나는 머리가 좋다"라는 자기이미지를 가지고 있다는 것이다.

초등학생, 중학생 남자아이를 둔 엄마의 가장 큰 고민은 "우리 아이는 공부를 하지 않아요"일 것이다. 하지만 억지로라도 공부를 시키려 해도 통 공부를 하지 않는다.

공부하는 습관이 갖추어져 있는 아이의 공통점은 "나는

노력하면 할 수 있는 사람"이라는 긍정적인 자기이미지를 가지고 있다는 것이다. 그리고 이러한 긍정적인 자기이미지를 만들어주는 것은 부모나 선생님의 긍정적인 말이다.

"너는 할 수 있어"라는 긍정적인 주문은 이 긍정적인 자기이미지를 형성하는 데 큰 도움이 된다. "너는 사실은 잘할 수 있어. 엄마는 그걸 알아." 이런 긍정적인 말을 되풀이하면 아이가 공부에 적극성을 띠게 된다.

애당초 남자아이는 열심히 공부하는 데 서투르다. 뇌 연구에서 최근에 밝혀진 사실은, 남자아이의 뇌에는 '가만히 있지 못한다', '반항하고 싶어 한다', '1등이 되고 싶어 한다', '싸움이나 장난을 좋아한다'는 특징이 천성적으로 프로그래밍되어 있다는 것이다.

한편 여자아이의 뇌는 다른 사람의 말을 순수하게 받아들이고, 흉내를 내는 것을 통해 무언가를 마스터할 수 있도록 프로그래밍되어 있다. 한자를 글씨본과 똑같이 순서대로 따라 쓰거나 칠판의 내용을 그대로 옮겨 적는 것도 손재주가 없고 움직이기 좋아하는 남자아이에게는 고통이지만 여자아이에게는 재미있는 일이다.

하지만 중학교 2학년 정도까지는 전혀 공부를 하지 않고 놀기만 했던 아이가 갑자기 성적이 오르기 시작하더니 일류 대학에 합격하는 경우도 있다. 사실, 사춘기에 접어들면 남자아이의 뇌에는 도파민이라는 호르몬이 다량 분비되는데, 이것이 집중력이나 의욕을 끌어올리는 데 도움을 준다. 고등학교에 입학할 때만 해도 집중을 하지 못해 놀기만 하던 아이가 갑자기 공부에 집중해 열정을 보이는 것은 바로 이 호르몬 때문이다. 그러나 모든 남자아이가 그런 것은 아니다. 아무리 도파민이 분비된다고 해도 공부에 의욕을 보이지 않는 남자아이도 있다.

그렇다면 장래에 가능성을 발휘하는 아이와 그러지 못하는 아이의 차이는 어디에 있는 것일까? 여기에서 커다란 차이를 낳는 것이 다름 아닌 '긍정적인 자기이미지'다.

부모가 진심으로 "너는 의욕만 있으면 잘할 수 있는 아이야"라고 믿고, 그 믿음을 끊임없이 되풀이해서 표현하면 아이의 잠재의식에는 "나는 사실은 뭐든지 잘할 수 있는 사람이야"라는 생각이 프로그래밍된다. 그럴 경우, 나쁜 성적을 받았을 때 "나는 사실은 잘할 수 있는데 이번에는 노력이 부족

했던 거야"라고 뇌의 활동이 활성화되어 더욱 분발하기 때문에, 성적이 오르고 안정을 찾기 시작한다. 반대로 부모로부터 "너는 정말 바보야"라는 말을 듣는 아이는 어쩌다 좋은 성적을 받았다고 해도 "이건 우연이야. 내 능력이 아니야"라고 받아들이기 때문에 성적이 늘 하위권에 머물게 된다.

공부하는
습관을 들이는
네 가지 포인트

공부하는 습관이 갖추어져 있지 않은데 초등학교 고학년이나 중학생이 된 이후에 부모가 갑자기 "공부 좀 해!"라고 야단을 친다고 효과가 있을까? 그럴 리 없다. 공부하라고 소리만 지른다고 아이에게 공부하는 습관이 갖추어지지 않는다. 오히려 공부를 싫어하게 된다.

매일 조금씩이라도 공부하는 습관을 갖추게 하려면 어떻게 해야 할까?

포인트는 다음 네 가지다.

공부하는 시간, 공부하는 양의 기준을 정한다

아이가 게임을 하고 있거나 텔레비전을 볼 때마다 "게임 좀 그만하고 공부 좀 해, 공부!" 하고 소리를 지르는 엄마들이 있다. 하지만 공부하는 습관이 몸에 배지 않은 아이에게 갑자기 장시간의 공부를 하라는 것은 무리다. 부모가 '최소한, 이것만큼은 했으면 좋겠다'라고 기준을 낮추어야 한다. 저학년 시기에는 학교에서 매일 내주는 숙제만 잘 한다면 그것으로 충분하다.

놀고 난 뒤에 공부하게 한다

남자아이는 '놀고 싶다', '이걸 하고 싶다'라고 생각하기 시작하면 그 생각을 차단하기 어렵다. 엄마 입장에서 보면 학교에서 돌아오면 우선 숙제부터 끝낸 뒤에 노는 것이 이상적이지만, 놀고 싶어서 마음이 이미 들떠 있는 남자아이에게 공부를 하라고 말해도 마이동풍이다.

오히려 놀이를 끝낸 뒤에 좋아하는 텔레비전 프로그램이 시작될 때까지의 10분, 또는 20분을 공부시간으로 활용하는 것이 바람직하다. '놀고 오면 일단 15분 동안만 공부한다'는 리듬을 갖추게 하는 것이다.

거실에서 부모가 함께 공부하는 것이 가장 좋다

사실 이것이야말로 아이에게 공부 습관을 들이는 데 가장 중요한 포인트다. 처음부터 혼자 방에서 책상 앞에 앉아 공부를 하는 아이는 거의 없다. 공부를 하라는 이유로 아이를 방으로 밀어 넣는 것이 아니라, 거실에서 부모와 함께 공부하다가 자기 방으로 들여보내는 것이 공부 습관을 들이는 가장 바람직한 지름길이다.

"매일 아이와 함께 공부를 하라고? 귀찮아!"라고 생각하는 사람도 있을 수 있다. 하지만 걱정할 것 없다. 함께 공부하는 시간은 10분 정도면 충분하다. 공부하는 습관이 궤도에 오르면 "그럼, 다 끝나면 엄마한테 보여줘" 하고 자기 방으로 들여보낸다. 그리고 마지막에는 공부의 결과를 점검해준다. 아이도 "엄마가 지켜보고 있으니까 잘해야지" 하는 마음가짐이 갖추어진다.

문제집은 얇은 것을 선택한다

마음 약한 선생님이 담임을 맡게 되어 학교 숙제가 줄어들면 부모는 걱정이 된다. 좀 더 공부를 시키고 싶다는 생각에 영어나 계산 문제집을 구입하는 이들도 있을 것이다.

이때 중요한 것은 가능하면 얇은 것을 선택하는 것이다. 얇은 것이 한 권을 모두 소화하기 쉬워서 성취감을 맛볼 수 있고 자신감도 기를 수 있기 때문이다.

거실에서
공부하는 아이가
머리가 좋다

초등학생 남자아이는 설사 표면적으로는 강한 척 해도 사실은 응석받이에 외로움을 많이 탄다. 혼자 자기 방에서 책상 앞에 앉아 공부에 집중할 수 있는 아이는 거의 없다.

앞에서 설명한 대로, 공부는 자기 방이 아니라 거실에서 시키는 것이 정답이다. 사춘기로 접어들어 개인적인 공간이 필요해지는 14세 정도까지는 자기 방은 따로 만들어주지 않는 것이 좋다.

초등학생 남자아이는 거실에서 엄마나 아빠와 함께 공부를 하는 습관을 들이도록 한다. 그러지 않으면 산만하게 움직이거나 집중을 하지 못한 채 시간만 때운다. 실제로, 거실에서 부모와 함께 공부하는 아이가 집중력이 향상되어 성적이 올라갈 가능성이 높다는 사실이 밝혀졌다.

"공부는 거실에서!"가 아이의 학습 효과를 높이기 위한 상식이다.

부모도
함께 공부한다

아이에게 거실에서 공부하는 습관을 갖추게 하는 데에 중요한 것은 처음 10분은 엄마나 아빠 자신도 함께 공부를 하는 것이다. 10분이 지나 어느 정도 아이가 안정이 되면 다른 일을 하거나 책을 읽어도 된다.

"집중 좀 해! 공부 좀 하라고!" 하고 앵무새처럼 잔소리를 되풀이하는 것이 아니라 아이 옆에서 부모도 함께 공부하는 모습을 보여주어야 한다. 아이에게 공부하는 습관을 갖추게 하려면 이것이 훨씬 효과적이다.

남자아이는 외로움을 많이 타고 안정을 찾지 못한다. 엄마,

아빠가 다른 장소에서 다른 일을 하고 있으면 곧바로 집중력이 흐트러져 다른 행동을 하기 시작한다. 거실에서 공부하는 아이 옆에서 엄마가 함께 앉아서 가계부를 정리하거나 책을 읽으면 남자아이를 안정시킬 수 있기 때문에 공부에 집중하기 쉽다.

부모가 아이 앞에서 책을 읽는 습관을 보이면 아이의 성적이 부쩍 향상된다는 데이터도 있다. 부모가 일상적으로 독서를 함으로써 '공부는 당연한 것'이라는 가정 분위기를 만들 수 있기 때문이다.

적절한 좌절이
인생의 '회색지대'를
가르쳐준다

가끔 이런 상담을 받는 경우가 있다.

"학원을 그만두고 싶다고 하는데 왜 그럴까요?"

나의 대답은 "두세 번 정도 다녀보라고 격려한 뒤에 그래도 안 되면 더 이상 무리하게 하지 말고 그만두게 하십시오"이다. 학원에서 작은 실수를 이겨내어 성공 경험을 쌓을 수 있다면 자신감이 높아지는 데 도움이 되지만, 이미 지칠 대로 지쳐 있는데 무리해서 노력하라고 강요하면 마음에 커다란 상처만 남아 "다시는 학원에 다니지 않겠다"는 거부감이 형성되고 아이의 마음이 닫히게 되기 때문이다.

등교거부나 은둔형외톨이에 남자아이가 많은 이유는 남자아이는 자존심이 강하고 상처를 받기 쉽기 때문이다. "내가 1등이 아니야"라는 사실을 깨닫는다는 것은 세상이 무너질 정도의 충격적인 체험이다.

남자아이는 '1등이 아니면 의미가 없다', '지면 끝이다'라는 양자택일적인 세상에 살고 있기 때문에 좌절하고 상처받기 쉽다. 1등이 될 수 있는 아이는 1퍼센트에 지나지 않기 때문이다.

원래 상처받기 쉬운 성향을 지니고 있는데 부모가 "야구를 하려면 정식 부원이 되어야지", "시험은 백 점을 받아야지" 하고 압박을 주면 남자아이는 더욱 궁지에 몰린다.

반면 여자아이는 어린 시절부터 남자아이가 모든 면에서 대우를 받는 장면을 흔히 보면서 자란다. 자신의 얼굴이 예쁜지, 예쁘지 않은지에 따라 주위의 반응이 다르다는 것도 경험한다. 어린 시절의 이런 사소한 좌절 경험이 쌓이면서 자신은 1등도 아니고 꼴찌도 아닌, '회색지대'에 위치해 있다는 사실을 배우는 것이다. 그렇기 때문에 자신만의 특성을 살리거나 멋을 부리거나 공부에 열중하는 등 회색지대 안에서도 나름대로 살아가는 기술을 갖추게 된다.

어떤 출판사 사장은 "지방 출신으로 도쿄대학을 졸업한 남자만큼 다루기 힘든 사람은 없다"라고도 말한다. 지방에서는 학교에서건 학원에서건 늘 1등이었는데 상경하여 도쿄대학에 들어가보니 자기보다 우수한 사람들뿐이다. 하지만 그런 현실을 받아들이지 못한 채 취직하고 비대해진 자존심을 툭하면 내세워 "그런 일을 왜 (우수한) 내가 해야 합니까?"라고 대든다. 상사 입장에서 보면 정말 다루기 힘든 직원인 것이다.

엄마들도 자기도 모르게 아들에 대해서는 "이렇게 하면 잘할 수 있어"라고 미리 정답을 가르쳐주고 레일을 깔아놓고 지켜보기 쉽다. 하지만 아이가 어른이 되어 엄마의 보살핌이 효과를 발휘할 수 없는 상황이 발생하면 어떻게 될까?

초등학교에서 1등이었다고 해서 중학교에서도 1등을 할 수 있다는 보장은 어디에도 없다. 유명 대학, 일류 기업에 들어가면 더욱 그렇다. 어디선가 상처를 받아 '1등이 아닌 자신', '회색지대에 위치해 있는 자신'을 받아들여야 한다.

정신분석학자 오토 컨버그(Otto F. Kernberg)는 "마음의 성숙은 포기에 의해 형성된다"라고 말했다. 그런 의미에서 보면, 비즈니스 서적이나 자기계발 서적만 읽고 "내가 1등"이라는 것에 집착하는 사람은 마음이 성숙하지 못한 상태이기 때문에 뻔한 거짓말에 넘어가기 쉬운 사람일 수도 있다.

"이 부분은 이길 수 있지만 이 부분은 이길 수 없어. 하지만 나는 쓸모없는 인간은 아냐."

이처럼 있는 그대로의 자신을 받아들일 수 있도록 어린 시절부터 작은 좌절을 조금씩 체험하게 하는 것이 바람직하다.

예를 들어, 아이를 입시학원에 보내는 경우도 많이 있다. 이것도 중요한 경험이다. 아이는 학교에서 약간 성적이 좋았다고 해도 학원에 가면 자기가 결코 1등이 아니라는 현실과 맞닥뜨리게 된다.

중요한 점은 그 이후다. 아이가 "나, 이제 학원에 가기 싫어", "학원에 다녀도 성적이 올라가지 않아"라고 말했다고 하자. 그럴 때에는 "다니기 싫다고? 하지만 조금만 더 노력해보면 어떨까?" 하고 두세 번 정도 격려를 해준다. "그럼 그만둬"라고 즉시 승낙하거나, 반대로 "그렇게 쉽게 좌절하면 안되는 거야. 너는 남자잖아. 최대한 노력해야지!"라고 부모의

뜻대로 강요하는 행동은 반드시 삼가야 한다. 가능한 범위에서 최선을 다해보라고 무리 없이 격려해주는 정도가 가장 바람직하다.

"왜 가기 싫은데?"라고 물어보고 아이의 마음을 헤아린 뒤에 "그럼 어떻게 하는 것이 좋을까?"라고 함께 고민하고, "그래, 일단 조금만 더 노력해보자"라며 설득한다.

공부나 운동을 계속하다 보면 도중에 실력이 더 이상 늘지 않거나 질려서 연습을 하기 싫게 되는 등 다양한 상황이 벌어진다. 그러나 견디기 어려운 상황은 일이나 연애, 결혼에서도 똑같이 발생한다. 학원의 의미는 그럴 때는 어떤 식으로 대처해야 할지 그 방법을 배우는 데 있다.

한 가지라도
특기가 될 만한 운동을
가지게 한다

남자아이에게 있어서 운동을 잘한다는 것은 자신 감을 키우는 데 매우 중요한 의미가 있다. 운동을 전혀 못하면 자칫 "나는 뭘 해도 안 돼"라고 자신감을 잃어버리기 쉽다.

아무리 공부를 잘하고 그림을 잘 그린다고 해도 운동이 서투르면 남자로서 자신감을 가지기 힘들다. 가능하면 "이것만큼은 나도 자신 있어"라고 생각할 수 있는 운동을 한 가지라도 갖추게 해주자.

나는 배구 등의 구기종목에는 전혀 재능이 없다. 그 때문에 실수를 하면 친구들에게 놀림을 당하고 기분이 상했다. 하지만 달리기만큼은 자신이 있어서 나름대로 자존심을 유지할 수 있었다.

운동신경이 좋지 않은 남자아이에게는 자신의 실수 때문에 팀에 피해를 끼칠 수 있는 야구, 축구, 농구 등의 단체경기보다 실수를 해도 주위에 피해를 끼치지 않아 강한 부담감을 느끼지 않을 수 있는 개인경기(검도, 유도, 육상, 수영, 테니스 등)가 어울린다. 새로운 기술을 하나 익히거나 시간이 빨라졌다는 등 나름대로의 성장을 조금씩이라도 실감하게 되면 그것이 자신감과 연결된다.

축구나 야구, 농구 등의 단체경기는 실수에 신경을 쓰지 않는 남자아이에게는 권할 만하지만, 심리적 부담에 예민한 아이에게는 어울리지 않는다.

명문 중학교 입시 경쟁에
어울리지 않는
남자아이 유형

초등학교 3, 4학년이 되면 진학학원에서 '공개 모의고사 예상 시험문제' 등이 날아오는 경우가 있다.

"모의시험을 보았는데 실력이 영 아니었어요. 이대로 가면 명문 중학교는 고사하고 일반 중학교도 들어가지 못할 것 같아요. 일단 학원에 등록해서 더 열심히 해야 할 것 같아요."

엄마의 입장에서는 당연한 생각이다. 실제로 이 때문에 서둘러 학원에 보내거나 개인과외를 시키는 가정도 많이 있다.

하지만 잠깐 냉정하게 생각해보자. 부모의 이런 초조한 마음 때문에 아이의 생각은 물어보지도 않고 명문 중학교만 고집하는 것은 매우 위험하다. 남자아이들 중에는 명문 중학교가 전혀 어울리지 않는 유형도 있기 때문이다. 자녀가 남에게 지지 않으려는 자존감은 강하지만 상처받기 쉽고 나약한 타입이라면 명문 중학교 입시는 포기하는 것이 현명하다.

이름만 들으면 누구나 부러워할 명문 중학교에 입학하게 된 츠토무라는 남자아이가 있었다. 초등학교에서는 누구도 따라올 수 없는 최고의 성적을 올렸지만 명문 중학교에 들어가자 성적이 중간 이하밖에 되지 않았다.

"저는 저를 다이아몬드라고 생각했어요. 하지만 사실은 돌멩이였어요. 저는 이것밖에 안 되는 인간이에요."

이렇게 말하는 츠토무는 너무나 우울해하고 자신감을 잃어버리더니 결국 등교를 거부하게 되었다.

지금까지 줄곧 톱클래스였는데 "뛰는 놈 위에 나는 놈 있다"는 현실을 처음으로 직면하게 되면서 일시적으로 우울감에 빠지는 것은 당연한 현상이다. 중요한 것은 그 이후다. "세상이 넓기는 넓구나. 하지만 나도 이런 아이들과 함께 공부할 수 있으니까 나쁜 편은 아니야"라고 현실을 받아들이고 이겨낼 수 있는 도전정신이 갖추어져 있는가 하는 점이다.

사실 이런 예는 흔히 볼 수 있다. 도쿄 도(都) 중학교장단회가 도내 공립 중학교 651개를 대상으로 실시한 조사를 살펴보면, 사립 중학교에서 전학을 온 학생 수는 2002년도가 259명, 2003년도는 331명, 2004년도는 359명이었다. 그중 따돌림이나 등교거부를 이유로 학교를 그만둔 경우는 전체의 45퍼센트에 달했다. 명문 중학교에서 일반 중학교로 전학을 가서 자신감을 되찾고 열심히 공부한다면 별 문제가 아니지만, 이렇게 한 번 강한 좌절감을 맛본 아이는 일반 학교로 전학을 간 이후에도 의욕을 잃어버린다는 것이 문제다.

"여기는 내가 있을 곳이 아니야", "그렇게 열심히 공부했는데 왜 내가 일반 중학교에 다녀야 하는 거야?"라는 좌절감 때문에 학교에 대한 흥미를 잃고 결국에는 중간에 그만두게 되는 '자신감 상실의 소용돌이'에 빠지는 것이다. 이러한 학생들의 상담 사례는 정말 많다.

다음에 명문 중학교 입시에 어울리지 않는 남자아이의 특징을 몇 가지 소개했다. 이 중 세 가지 이상 해당한다면 입시를 다시 한 번 생각해보아야 한다.

명문 중학교 입시에 어울리지 않는 남자아이의 특징

❶ 새로운 일에 도전하는 것을 싫어한다.

❷ 완벽주의적인 성향이다.

❸ 조금만 놀림을 받아도 화를 내거나 억울해서 눈물을 흘린다.

❹ 점수가 떨어지면 금방 기운을 잃는다.

❺ 사소한 실수에도 금방 우울해진다.

❻ 툭하면 학원을 그만두겠다고 말한다.

❼ 놀이나 게임에서 이길 수 있는 승부만 하려 한다.

❽ 심리 변화가 심하다.

❾ 친구와 노는 것보다 집에서 게임하는 것을 더 좋아한다.

❿ 대화가 서툴러서 힘든 일이 있어도 말을 하려고 하지 않는다.

* 위 내용은 우리나라의 상황과 다소 다른 점도 있지만, 최근 국제중·특목고 등의 입시 열기를 감안하여 원문 그대로 번역했다. – 옮긴이

남자아이를 성장시키는
명문 중학교
선택 방법

명문 중학교 입시에서 중요한 것이 학교 선택이다. 내가 조언해주고 싶은 것은 다음 두 가지다.

상처받기 쉬운 성격인 경우, 실력보다 약간 낮은 학교를 선택한다

상처받기 쉽고 자신감을 잃기 쉬운 남자아이는 설사 운 좋게 실력보다 약간 높은 학교에 입학한다고 해도 입학한 뒤에 자신의 실력이 드러나면 "이럴 리가 없는데……" 하고 우울감에 빠져 등교를 거부하게 될 우려가 높다.

"우리 아이는 상처받기 쉬운 성격이기는 하지만 반드시 명문 중학교에 보내고 싶어요"라고 생각한다면 실력보다 수준이 약간 낮은 학교를 선택해서 무리하지 않고 다니게 하는 것이 좋은 선택이다.

선생님들의 분위기가 좋은 학교를 선택한다

학교에 가면 교무실을 들여다보자. 선생님들이 화기애애한 분위기로 즐겁게 대화를 나누고 있는 학교는 대부분 학생들도 활기가 넘친다. 문제가 발생하더라도 학교가 하나가 되어 대처해준다.

일반적으로 교사의 이동이 적은 학교에서는 인간관계의 파벌이 형성되기 쉽고, 일단 그렇게 되면 학교 분위기가 나빠진다. 선생님들의 긴장된 관계가 아이들에게도 전염되어 딱딱한 분위기가 형성되기 쉽다.

사춘기로 접어든 남자아이의 심리는 가뜩이나 어른에 대한 반항심으로 가득 차 있다. 그런데 선생님들이 서로 험담을 하고 미워하는 상황을 보게 되면 "어른들이 왜 저래?" 하는 반항적인 태도를 노골적으로 드러내게 된다. 여자아이는 그런 선생님들과도 적당히 관계를 유지할 수 있는 처세술을 갖추고 있지만 남자아이는 어른에 대한 불신감 때문에 공부에 대한 의욕이 줄어드는 경우가 많다.

학교를 선택할 때, 커리큘럼을 조사하는 것도 중요한 부분이지만 그 이상으로 선생님들이 사이좋게 활기찬 분위기를 유지하고 있는지를 알아보는 것도 매우 중요한 포인트다.

하나의 재단에 소속된 중·고등학교의 장단점

사립학교 중에는 중학교와 고등학교를 모두 소유하고 있는 경우가 많다. ○○부속중학교, ○○부속고등학교 같은 식이다. 이렇게 재단이 하나인 중학교와 고등학교를 잇달아 다닐 경우, 도움이 되는 점은 무엇일까?

- 6년 동안 같은 친구들과 보낼 수 있기 때문에 인간관계가 깊어진다.
- 14~15세라는 인생에서 가장 심리 상태가 불안정한 시기에 변화가 적은 안정된 환경에서 공부할 수 있다.

- 그 학교의 교육이념에 충실한 깊이 있는 교육을 받을 수 있다.

사립의 경우 그 학교의 교육이념에 맞는 교사를 모집하여 6년 동안 일관성 있는 방침으로 학생들을 가르친다. 교장에게 교사 선택권이 없는 공립인 경우에는 불가능한 일이다. 또한 사립학교에는 그 학교의 교육이념에 찬성하는 학부모들의 자녀들이 모이기 때문에 동질성이 높아진다. 공립처럼 '어떤 아이가 있는지 알 수 없는 학교'가 아니다.

하지만 다음과 같은 내용들은 단점으로 작용한다.

인간관계에서 변화를 꾀할 수 없다

중학교에 다닐 때 따돌림을 받았거나 친구들과의 관계가 좋지 않았다고 해도, 고등학교에 진학하여 다른 학생들을 만나게 되면 자신의 캐릭터를 바꾸어 새로운 인간관계를 만들 수 있고 활력을 얻을 수 있다. 하지만 같은 재단의 고등학교에 진학하게 되면 이런 변화를 꾀하기 어렵다. 6년 동안은 싫든 좋든 같은 얼굴로 생활할 수밖에 없는 것이다.

사회에 진출했을 때 필요한 것은 회사 동료나 상사와의 적절한 인간관계, 처음 만나는 거래처나 고객과의 관계 등 '다양한 사람들과의 인간관계를 구축하는 능력'이다.

일반 학교의 장점은 뭐니 뭐니 해도 바로 이런 다양한 유형의 친구들을 경험할 수 있다는 점이다. 일반 학교 학생들은 공부를 매우 잘하는 학생부터 거의 꼴찌에 가까운 학생들까지, 부유한 가정의 자녀부터 가난한 가정의 자녀들까지 그야말로 다양한 종류의 학생들이 모여 현실 사회의 축소판 같은 상황을 연출한다.

여기에 비해 하나의 중학교, 고등학교가 이어져 있는 사립학교인 경우에는 비슷한 학력에 비슷한 유형의 학생들이 모이기 쉽다. 이 높은 동질성은 사립학교의 커다란 매력이기도 하지만, 바꾸어 말하면 공립학교에서 체험할 수 있는 다양한 사람들과의 교류를 방해하는 결과도 낳는다.

커리어교육의
출발점은
가정이다

초등학교에서 중학교, 고등학교, 대학까지 어느 단계이건 아이들의 장래 설계를 지원하는 커리어교육이 활발하게 이루어지고 있다. 학교의 직장 방문 체험학습 같은 커리큘럼도 꽤 충실해졌고 엔터테인먼트성이 높은 민간시설도 등장하고 있다.

하지만 사실 커리어교육의 출발점은 가정이다. 구체적으로는 홈파티를 개최하는 등의 방법을 이용해서, 다양한 일을 하고 있는 사람들을 부모의 친구로 가정에 초대하여 아이와 어울릴 수 있는 기회를 만들어주는 것이 바람직하다. 다양한 일을 하고 있는 매력 있는 어른과 직접 대화를 나누어보는 과정을 통해 아이들은 큰 자극을 받는다.

반드시 특별한 일이 화제가 되어야 하는 것은 아니다. 가정에 다양한 친구들을 초대하여 아이가 그 사람들을 접하게 하면 자연스럽게 어른들의 세계, 직업의 세계를 이해하게 되고 일에 대한 흥미를 느끼게 된다.

아이에게 "어떤 사람이 되고 싶니?"라며 무리하게 장래희망을 알아내려 하지 말자. 초등학생 남자아이 중에 자신이 하고 싶은 장래 직업을 정해놓고 있는 경우는 거의 없다. 그러나 어느 시점부터 아이가 자신의 인생에서 하고 싶은 일을 발견하게 된다면 힘껏 응원해주자.

힘들게 싹이 튼 아이의 꿈을 방해하는 행동은 절대로 하지 않는 것이 좋다. 예를 들어, 수의사가 되기 위해 A대학을 지망했던 아이가 설사 도쿄대학에 합격할 수 있을 정도의 높은 성적을 올린다고 해도 그 성적에만 매달려 도쿄대학에 진학하라는 식의 강요는 하지 말아야 한다.

"~이 되고 싶다"는 아이의 순수한 마음을 소중하게 여기고 응원해주자. 아이가 '자신이 살고 싶은 인생', '되고 싶은

인물'을 향하여 걸어가는 과정을 지원하고 응원해주는 것
이 부모의 임무다.

4장

커뮤니케이션 능력을
길러주는 방법

남자아이의
커뮤니케이션 능력은
유소년기부터 길러진다

"도쿄대학에 들어가는 것보다 여자친구를 만드는 걸 더 힘들어하는 아이가 있습니다. 커뮤니케이션 능력에 문제가 있는 것이지요."

도쿄대학 합격자 수 상위 10개교에 들어가는 명문 사립 중·고등학교 교장의 말이다. 이같이 엘리트 양성학교라고 불리는 학교에서도 최근 들어 남자아이의 커뮤니케이션 능력 저하가 큰 문제가 되고 있다.

실제로 내가 몸담고 있는 대학에서도 수업 도중에 질문을 해도 잠자코 아래만 바라본 채 모르겠다는 대답조차 하지 않는 남학생이 있다. 내가 지쳐서 다른 학생에게 질문을 할 때까지 잠자코 아래만 내려다보고 있다.

커뮤니케이션 능력은 취업이나 결혼을 생각하는 시기가 된 이후에 하루아침에 갖출 수 있는 능력이 아니다. 어린 시절부터 축적되는 것이다. 일을 하건 여성을 유혹하건 낯선 상대를 대상으로 이런저런 능력을 구사하여 자신의 의도를 전달하고, 실패를 하더라도 끈기 있게 설득을 시도하는 용기가 필요하다.

부모가 할 수 있는 일은 아이가 다른 사람과 커뮤니케이션을 할 수 있는 기회를 만들어주는 것이다.

무심코 내뱉은 말이
아이를 대화공포증으로
만든다

남자아이는 언어를 담당하는 좌뇌가 여자아이보다 늦게 발달한다. 따라서 다소 말이 서투르다고 해도 초조해하지 말고 조용히 지켜보는 것이 좋다. 그리고 성장을 기다리는 것 외에도 부모가 할 수 있는 일이 몇 가지 더 있다.

"엄마, 아빠는 내 말을 진지하게 들어준다"는 인식을 아이에게 심어줄 수 있는 커뮤니케이션을 만드는 것이다.

집단에 소속되어 상처를 받는 경우가 있더라도 다른 사람들과 함께 일할 수 있는 능력, 문제가 발생하더라도 좋아하는 여성과 함께 이겨낼 수 있는 능력……. 이렇게 사람들과의 관계를 귀찮아하지 않고 유지할 수 있는 것이 커뮤니케이션 능력이다. 그리고 부모가 할 수 있는 일은 그 토대를 만들어주는 것이다.

"커뮤니케이션은 즐겁다."

"사람들과 대화를 나누는 것은 즐거운 일이다."

이런 감정적인 토대를 아이의 마음에 확실하게 심어주어야 한다. 하지만 실제로는 커뮤니케이션의 토대를 만들어주기는 커녕 커뮤니케이션이 서투른 아이로 자라게 하는 대화를 나누는 경우가 훨씬 많다. 엄마와 아들 사이에서 흔히 볼 수 있는 대화를 예로 들어보자.

"오늘 학교에서 어땠어?"

"음…….."

"어땠냐니까?"

"……재미있었어."

"뭐가?"

"그건…… 잊어버렸어."

"잊어버려? 그런 말이 어디 있어?"

"그게……."

"됐어! 너는 왜 항상 그 모양이니? 왜 분명하게 말을 할 줄 몰라?"

어떤가? 이런 대화는 아들을 키우는 엄마라면 몇 번 경험이 있지 않을까? 남자아이의 말은 일단 이해하기 어렵다. 그렇다고 해서 이런 대화로 꾸짖어버리면 아이는 말을 할 기력 자체를 잃어버린다. 엄마의 아무렇지 않은 말버릇이 남자아이를 '대화공포증'으로 만드는 경우가 있다.

혹시 아들에게 다음과 같은 행동을 하고 있지는 않은가?

• "그래서?", "그리고?"라는 질문 공세를 편다.
• 분명하지 않은 설명을 참지 못해 "그래서? 이러이러하다는 말이지?" 하고 앞서서 결론을 말해버린다.
• "또박또박 말해", "그래서? 무슨 말을 하고 싶은 거야?" 라고 추궁한다.

유치원이나 학교에서 어떻게 보냈는지 알고 싶고, 아들과 즐겁게 이야기하고 싶어 하는 엄마의 마음은 이해한다. 하지만 원래 대화가 서툰 아이에게 추궁을 하는 듯한 질문 공세를 펴는 것은 마늘을 먹지 않는 아이에게 억지로 마늘을 먹이는 것과 같다.

아이는 아이 나름대로 열심히 대화를 하려고 하는데 불평을 듣게 되면 대화를 할 기력을 잃어버린다. 아이를 추궁하는 말투가 입버릇이 되어 있지는 않은지 돌이켜보아야 한다.

이야기를
잘 들어주는
부모가 되자

집안일 때문에 바쁘다는 핑계로 아이의 이야기를 적당히 흘려듣고 있지는 않은가?

"연습이 힘들다고? 그런 약한 말은 하는 거 아냐. 엄마는 테니스 부원이었지만 연습이 아무리 힘들어도 잘 참았어"라며 자신의 기분만 앞세우는 이들도 적지 않다.

남자아이의 커뮤니케이션 능력을 길러주는 데 중요한 것은 부모가 '무슨 말을 하는가'가 아니라 '어떻게 듣는가'이다. 엄마가 내 말을 진지하게 들어주었다는 경험이 자신감과 연결되어, 대화에 자신감을 얻어 자연스럽게 커뮤니케이션 능력이 향상되는 것이다.

또 부모가 진지하게 이야기를 들어주는 남자아이는 듣는 능력도 향상된다. 자신의 경험을 통해, 이야기를 들어주는 것이 상대방을 기쁘게 한다는 사실을 이해하기 때문이다.

아이보다 말수를 줄인다

아이에게 "오늘 학교에서 어땠어?", "친구들하고 뭐하고 놀았어?"라고 질문을 던지는 것은 매우 바람직한 태도다. 하지만 대부분 그 이후에 문제가 있는 경우가 많다. 아이의 대답이 자신의 기대에 미치지 않으면 설교를 하기 시작하는 것이다.

중요한 것은 아이의 이야기에 대해 어떻게 대응하는가 하는 점이다. 어디까지나 대화의 주역은 아이라는 점을 명심하고 '가르쳐주고 싶은 마음'은 제쳐두도록 하자.

아이가 말을 걸어오면 즉시 들어준다

부모가 "지금 바쁘니까 나중에 들을게"라는 자세를 보이면 아이는 이야기를 하고 싶었던 마음이 바뀌어버린다. 설사 집안일을 하고 있던 중이라고 해도 아이가 "오늘 이런 일이 있었어"라고 말하면 "그래? 그런 일이 있었어?"라고 즉시 들어준다.

중요한 이야기일 경우에는 일손을 멈추고 즉시 이야기에 귀를 기울여야 한다. 이때 적당히 흘려들어버리면 "어차피 중요한 이야기를 해도 엄마는 들어주지 않아"라는 생각에 아이는 더 이상 이야기를 할 기분을 잃어버린다.

아이의 말에 적절하게 호응해준다

아이가 이야기를 하면 적절하게 호응을 해준다. 이것이 '리플렉션(reflection)'이라는 대표적인 심리카운슬링 기법이다. 아이가 어떤 기분으로 이야기를 하고 있는지 포착하여 "그래서 이러저러한 기분이 들었겠구나?" 하고 아이의 마음을 읽어주며 질문을 던지는 것이다. 그러면 아이는 "엄마는 나를 이해해줘"라고 느끼게 되고 아이와 엄마 사이에 신뢰감이 구축된다.

간단한 일처럼 느껴질 수도 있지만 막상 실천해보면 쉽지 않다. 하지만 이런 과정이 쌓이지 않으면 아이는 엄마가 자기를 이해해준다고 생각하지 않는다.

예를 들어 아이가 억울하다는 표정으로 "오늘 축구를 했는데 슛이 하나도 먹히지 않았어"라고 말했다고 하자. 여러분이라면 어떻게 호응해주겠는가?

"노력하지 않으면 기술이 늘지 않는 거야. 연습을 해야지, 연습을. 노력도 안 하고 실력이 늘기를 기대한다면 차라리 그만두는 게 나아."

이런 식으로 이야기하고 있지는 않은가?

그럴 경우, 아이는 엄마가 자신을 이해해주지 않는다는 기분에 절망을 느끼고 마음을 닫아버린다. 연습을 해야 한다는 사실은 누구보다 아이 자신이 가장 잘 알고 있다. 그래도 가라앉은 기분을 엄마가 이해해주기를 바라고 이야기를 꺼낸 것이다.

이럴 때에는 "그래? 슛이 먹히지 않았다고? 정말 화났겠다." 이렇게 아이의 억울한 기분을 함께 느끼고 그것을 말로 위로해준다. 아이는 "엄마는 나를 이해해주는 사람이야"라고 느끼게 되고 마음을 열기 시작할 것이다.

고개를 끄덕인다

아이의 이야기를 들으면서 진지하게 고개를 끄덕여주자. 고개를 끄덕이는 행동은 "너의 이야기에 귀를 기울이고 있어"라는 사인이다. 아이가 힘들었던 경험 같은 중요한 이야기를 할 때는 아이의 눈을 바라보면서 진지하게 고개를 끄덕여주도록 한다.

별것 아닌 것처럼 보이지만 고개를 끄덕이는 것 하나로 대화가 더욱 깊어지고 가라앉았던 기분이 회복된다. 고개를 끄덕이는 행동은 아이에게 자신을 이해해주는 따뜻한 온기를 느끼게 해주는 힘이 있다.

엄마와 아빠가 열심히 고개를 끄덕여주며 이야기에 귀를 기울이면 아이는 자신의 모든 것이 따뜻하게 받아들여지는 듯한 느낌을 받는다.

맞장구를 친다

"응, 그래서?", "그렇구나" 하며 맞장구를 쳐주면 아이는 "내 이야기에 귀를 기울이고 있어"라고 느낀다.

"그래? 그랬구나."

"그래서? 어떻게 했는데?"

이렇게 맞장구를 치며 아이에게 "너의 이야기에 귀를 기울이고 있어"라는 메시지를 전하도록 한다.

반에서
인기 있는 아이의
공통점은?

반에서 가장 인기 있는 남자아이는 어떤 아이일까? "달리기를 잘한다", "운동을 잘한다", "머리가 좋다"라고 대답했다면 당신은 유감스럽지만 시곗바늘이 수십 년 전에 멈추어버린 사람이다. 이미 80년대 중반부터 반에서 가장 인기 있는 아이는 재미있는 아이, 농담을 잘 해서 다른 아이들을 웃기는 아이다.

이 배경에는 개그맨들이 주역으로 활동하는 버라이어티 프로그램이 인기를 얻고 있는 대중문화의 영향이 자리 잡고 있다. 재미있는 이야기를 할 줄 아는 아이, 웃음을 선물할 줄 아는 아이, 농담을 잘 하는 아이, 이런 남자아이가 인기가 있고 자신감을 가질 수 있다. 설사 성적은 조금 부족하더라도, 또는 운동이 서투르더라도 재미있는 이야기를 잘 하는 아이가 자신감을 가질 수 있는 시대인 것이다.

재미있는 화술은 일을 할 때 무기가 될 수도 있고, 대화에 자신감을 가지게 되면 설사 여성에게 다가갔다가 거절을 당하더라도 기죽지 않고 다른 여성을 찾을 수 있다.

또, 개그 프로그램의 장점은 재미있는 이야기를 잘 하는 사람만이 인기를 얻는 것은 아니라는 점이다. 개그맨 출신으로 현재는 웃음의 기법을 도입한 커뮤니케이션 프로듀서로서 활약하고 있는 나쓰카와 다쓰야는 사람을 웃기는 타입을 다음과 같은 다섯 가지로 분류한다.

❶ 말을 잘하는 만담가 타입: 자기 주위에서 발생한 사건을 재미있게 동료들에게 전하는 사람.

❷ 멍청한 개그맨 타입: 자신의 겉모습이나 실수를 소재로 삼아 웃음을 만들어내는 사람.

❸ 개인기 타입: 우수한 관찰력을 바탕으로 사물을 흉내

내거나 자신만의 감성으로 개인기를 연출해 그 자리의 분위기를 띄우는 사람.

❹ 맞장구 타입: 별것 아닌 이야기에 다른 사람들은 생각하지 못하는 절묘한 맞장구를 넣어 대화를 재미있게 만드는 사람.

❺ 환경 제조 타입: 스스로 웃음을 만들어내는 것이 아니라 상대방을 칭찬하거나 웃음소리, 웃는 표정으로 주위의 분위기를 부드럽게 만드는 사람.

이처럼 개그 프로그램을 본다는 것은 다른 사람을 즐겁게 만들기 위해 자기에게 맞는 적절한 방법을 발견하는 힌트도 된다.

"이 사람, 별 재미는 없는 것 같은데 상대방의 기분을 띄워주는 능력은 정말 대단해."

"자신의 얼굴을 소재로 삼는다는 건 자기 자신에게 자신감이 있기 때문에 가능한 거야."

이렇게 텔레비전을 보면서 아이에게 말을 걸어보는 것도 좋은 방법이다.

아이와 함께 보는 재미있는 개그 프로그램은 가족 모두가 편하게 볼 수 있는 프로그램을 선택하는 것이 좋다. 특정 연예인을 괴롭히는 방법으로 억지웃음을 만들어내는 버라이어티 프로그램은 도움이 되지 않는다. 아이가 그런 프로그램을 보기 시작했다면 무조건 말리지 말고 이를 반면교사로 삼아 학습을 할 수 있는 기회로 바꾸는 것도 좋은 방법이다.

"저런 식으로 괴롭힘을 당하는 사람은 어떤 기분일까?"

"저런 취급을 받으면 마음에 상처를 받을 거야."

이렇게 프로그램을 보면서 화제로 삼음으로써 텔레비전 프로그램에서 이루어지고 있는 괴롭힘을 현실에서 그대로 활용하면 누군가의 마음에 상처를 입힐 수 있다는 사실을 깨닫게 해준다.

5장

놀이가 인생의 모든 것을
가르쳐준다

남자아이의
모든 능력은
놀이에서 탄생한다

아이를 키우는 데 큰 도움이 되는 아들러심리학에 따르면 남자아이가 행복한 인생을 보내려면 다음과 같은 세 가지 능력이 필요하다고 한다.

❶ 일을 통해서 세상에 도움이 되는 능력

❷ 친구나 동료를 만들 수 있는 능력

❸ 이성과 양호한 관계를 구축하고 연애를 하며 결혼하는 능력

하지만 현대 사회에서 이 세 가지 능력을 모두 갖추는 것은 쉬운 일이 아니다. 예전에는 "좋은 대학에 입학해 좋은 회사에 입사하면 평생 안정된 생활을 할 수 있다", "남편이 일류 기업에서 일한다면 아내는 전업주부로 조용히 육아에만 신경 쓰면 된다"라고 여겼지만 이제는 그런 시대가 아니다. 공부든 일이든 살아가는 데 어려움을 겪지 않을 정도만 하고, 커뮤니케이션 능력을 발휘하여 친구와 연인을 만드는 것. 어느 시대이건 행복한 인생을 살아가는 데 필요한 이런 능력을 확실하게 갖추게 해주어야 한다. 그래서 중요한 것이 남자아이의 '놀이'다.

놀이에 집중하려면 몸과 머리를 최대한 활용해야 한다. 또한 친구와 적절한 관계를 유지하면서 서로 협력하는 능력도 갖추어야 한다.

❶ 일이나 연애의 기초가 되는 '커뮤니케이션 능력'
❷ 자신이 좋아하는 대상에 몰입하는 '집중력'
❸ 어떻게 해야 어려움을 극복해나갈 수 있을지를 생각하는 '창의력'과 '문제해결 능력'

행복한 인생을 살아가는 데 필요한 이런 능력들을 놀이를 통해 습득할 수 있다.

"우리 아이는 늘 놀기만 해서 걱정이에요"라고 말하는 엄마는 부디 아이가 그대로 마음껏 뛰어놀 수 있도록 내버려두기 바란다. 마음껏 뛰어노는 능력은 나중에 최선을 다해 일을 처리하는 능력으로 성장한다.

"우리 아이는 친구와 놀 때도 게임만 해서 걱정이에요"라고 말하는 엄마라면 기준을 조금 낮춘다. 같은 게임을 하더라도 혼자 하는 것과 친구와 함께 하는 것은 커뮤니케이션 능력을 기르는 데 엄청난 차이가 있기 때문이다.

남자아이의
한심해 보이는 놀이가
창의력을 낳는다

남자아이의 놀이에는 엄마 입장에서 보면 한심해 보이는 것들이 많이 있다. 쥐머느리를 누가 더 많이 호주머니에 넣을 수 있는지 친구와 내기를 하기도 하고, 술래잡기의 범위와 인원수가 점점 늘어나 서른 명 정도가 학교 주변을 뛰어다니기도 한다. 그네에서 얼마나 멋진 모습으로 뛰어내릴 수 있는지 내기를 하기도 한다. 그야말로 한숨이 나올 정도로 한심한 놀이뿐이다.

하지만 사실 이런 놀이들은 기뻐해야 할 대상이다. 한심해 보이는 놀이를 경험하는 것은 남자아이가 어른이 되어 일을 할 때에 커다란 무기가 되는 '창의력'을 길러준다.

예전에 입 안에 넣으면 도중에 맛이 변해 한 개로 두 가지 맛을 느낄 수 있는 사탕이 큰 히트를 친 적이 있었다. 이 사탕을 개발한 남자는 "어린 시절에 다양한 맛이 나는 엿을 한 번에 먹고 싶어서 몇 개나 입 속에 털어 넣었던 적이 있는데 그것이 이 사탕을 개발하는 계기가 되었습니다"라고 말했다. 그 사람도 틀림없이 어머니에게 "한 개씩 먹어야지!"라고 야단을 맞았을 것이다.

이처럼 '이렇게 하면 재미있겠다', '이런 식으로 해보고 싶다'는 마음과 호기심이 새로운 상품을 개발하는 아이디어와 연결된다.

〈포켓몬스터〉의 원작자는 초등학생 시절에 올챙이나 가재를 잡았던 경험, 중학생이 된 뒤 인베이더 게임에 빠졌던 경험이 포켓몬스터를 생각해낸 계기가 되었다고 말한다. 또한 유명한 디스카운트스토어인 '돈키호테'에서는 '슈퍼운치 군(거대한 똥도령이라는 뜻-옮긴이)'이라고 불리는, 커다란 똥 모양의 봉제인형이 엄청나게 팔려나간다고 한다. 이것 역시 틀림없이 똥, 오줌에 관심이 풍부한 '초등학생 남자아이의 영혼'을 가진 남성만이 생각할 수 있는 아이디어가 아닐까?

한심해 보이는 놀이를 할 수 있다는 것은 "이거, 이렇게 하면 재미있겠다"라는 창의력이 길러지고 있다는 증거다. 충분히 뛰어놀지 못한 남자아이는 시키는 일은 성실하게 수행하지만 스스로 기획을 하는 능력은 부족하다는 평가를 듣는, 자유로운 창의력이 없는 사람이 될 수밖에 없다.

어떤 사람이 마음속으로 "재미있다!", "즐겁다!", "가슴이 설렌다!"라고 느끼는 것은 다른 사람들 역시 재미있고 즐겁다고 느낄 가능성이 높다. 위대한 일의 바탕에는 재미있는 것, 즐거운 것, 가슴이 설레는 것을 끊임없이 추구하는 자세가 자리 잡고 있다.

반대로, 재미있는 것, 즐거운 것, 가슴이 설레는 것을 금지당했던 아이들은 자신이 무엇을 하고 싶은지 몰라 어떤 것에도 빠져들지 못하는 무기력한 사람으로 자라기 쉽다. "놀지만 말고 공부 좀 해!"라고 말하기 전에 아들이 어떤 사람으로 자랐으면 좋겠는지 가슴에 손을 얹고 진지하게 생각해보자.

일을 즐기는 호기심은
놀이를 통해
갖추어진다

남자아이는 재미있는 놀이를 발견하는 데 달인이
다. 예를 들어, 여자아이라면 눈길도 주지 않을 이상한 모
양의 돌을 발견하고는 친구들과 "이거 암모나이트 같지 않
냐?", "아냐, 달팽이 같은데?"라고 토론을 벌인다.

피구를 하다가도 "오른손만 사용하기로 하자"라고 한 아이
가 제안을 하면 곧바로 "좋아! 그거 재미있겠는데!" 하고 고
함을 지르며 새로운 놀이를 즐기기 시작하고, 그것이 마지막
에는 축구처럼 변해버리는 경우도 있다.

이처럼 "이거 재미있는데!", "평소와 다른 방식으로 해보

면 어떨까?" 하는 호기심을 키워주면 공부나 일에서도 자연스럽게 재미를 발견한다.

남자아이의 호기심은 공부나 일을 할 때에 이른바 가솔린 같은 역할을 한다. 넘치는 호기심이 동기 부여가 되어 언뜻 별것 아닌 것처럼 보이는 일에서도 나름대로 독창적으로 연구하여 발전시키거나 "이런 방식이 좋지 않을까?" 하고 재미를 발견할 수 있게 된다. 그것이 장래에 독창적인 창조력(creativity)의 원천이 되는 것이다.

아무 생각 없이 시키는 공부만 계속할 뿐인 남자아이는 원래 가지고 있었던 호기심이 위축되어버린다. 이는 실로 아이의 능력을 포기하는 것과 같다.

놀이에 대한 호기심이 길러지지 않은 남자아이는 자신이 사실은 무엇을 하고 싶은지도 모르는 채 '일단 들어갈 수 있는 회사에 입사한다'는 생각으로 일터를 정한다. 그리고 입사 후에도 창조적인 제안을 할 수 없기 때문에 누구나 할 수 있는 일밖에 담당하지 못한다. 독창적인 창의력이 요구되는 현대 사회에서는 재미없는 사람이란 곧 무능한 사람으로 취급당하기 쉬운 것이다.

전쟁놀이를 통해
다양한 감성이
길러진다

　　빠른 아이는 두 살 정도부터 초등학교 3, 4학년까지, 남자아이들이 좋아하는 놀이 중에서 가장 인기가 있는 것은 뭐니 뭐니 해도 '전쟁놀이'다. 그래서인지 어머니들의 이런 걱정스런 목소리도 가끔 들을 수 있다.

　　"큰아들은 흥미가 없는데 둘째는 늘 칼을 휘둘러요. 난폭한 아이로 자라지 않을지 정말 걱정이에요."

　　하지만 걱정할 필요 없다. 전쟁놀이를 좋아하는 것은 DNA와 남성호르몬 때문이기 때문이다. 원숭이 등의 동물도 어린 수컷은 싸움을 하면서 노는 경우가 많다.

그뿐이 아니다. "정의감은 멋진 것이다", "힘이 약한 사람은 도와주어야 한다", "다른 사람에게 도움이 되는 사람이 되어야 한다" 등 전쟁놀이를 통해 이런 생각도 갖추게 된다.

또한 자유롭게 자신이 동경하는 인물이 될 수 있는 전쟁놀이는 "나는 뭐든지 할 수 있어"라는 자신감, "나는 주인공이 될 수 있어"라는 주인공 의식을 길러준다.

도쿄 다치카와 시(市)의 '다치카와 가시노키 유치원'에서 아이들의 전쟁놀이를 관찰해본 결과 다음과 같았다.

- 친구에게 말을 걸어 서로 이미지를 공유하면서 논다.
- "함께 적을 물리치자"며 기둥이나 철봉 등을 공통의 적으로 상대하면서 논다.
- 넘어져서 울고 있는 아이가 있으면 "괴물에게 당했구나" 하고 위로해주면서 논다.

이렇게 전쟁놀이를 통해 친구를 사귀는 능력이 길러진다는 사실이 밝혀졌다. 또한 정말로 때리거나 공격하면서 놀이를 할 수는 없기 때문에 힘을 조절하는 방법, 적당한 선을 유지하는 방법을 배울 뿐 아니라 친구와 협력하는 팀워크 등도 배워간다.

엄마 입장에서 보면 전쟁놀이는 가능하면 시키고 싶지 않은, 하지 않았으면 하는 놀이라고 생각하는 경우가 많다. 그러나 여러분의 남편도 어렸을 때에는 틀림없이 전쟁놀이를 하면서 자랐을 것이다. 그리고 주인공 의식에서 벗어날 나이가 되면 자연스럽게 전쟁놀이도 하지 않게 된다. 엄마가 지나치게 신경질적으로 전쟁놀이를 금지하면 얻는 것보다 잃는 것이 훨씬 더 많다.

전쟁놀이도 놀이를 계속 경험하다 보면 반드시 흥미를 잃게 된다. 그 시기가 올 때까지 조용히 지켜보도록 하자.

여자아이와 잘 노는
남자아이는
새로운 시대의 '인기남'

아들이 난폭하다고 고민하는 엄마가 있는 한편, 정 반대의 고민을 하는 엄마들도 있다.

- 전쟁놀이에 전혀 흥미가 없다.
- 여자아이용 만화영화만 즐겨 본다.
- 여자아이하고만 논다.
- 누나가 있어서 돌봐주니까 응석받이가 되어버렸다.

"이 아이가 장차 어엿한 남자로 성장할 수 있을까요?", "남자답게 키우려고 운동을 가르쳤어요"라고 고민을 털어놓는 이들도 적지 않다.

　그런 엄마들에게 좋은 소식을 전하려 한다. 유능한 사람들 대부분은 남성성과 여성성이 모두 높은 '양성적'인 사람이라는 것이다. 자존심이 강하고 상처받기 쉬운, 그야말로 남자다운 남자아이도 나쁘지 않지만, 커뮤니케이션 능력이나 유연성이 있는 '여성스러움도 갖추고 있는 남자아이'가 오히려 장래에 유능한 인재가 될 가능성이 더 높다.

　내가 가르치는 학생 중에 특별히 미남도 아닌데 여자아이들에게 인기가 좋은 남학생이 있다. 그 학생은 극진가라테 2단이지만, 취미는 케이크 만들기다. 여학생의 이야기를 귀 기울여 들어주고 여러 명이 모일 때에는 직접 만든 과자를 가지고 온다. 그런가 하면 가라테 유단자답게 판단력이 있고, 문제가 발생했을 때에는 확실하게 리더십을 발휘하여 문제를 해결하는 강인함도 갖추고 있다.

　"우리 아이는 양성적이지도 않고 완전히 여성적이에요. 너무 나약해서 남자다움은 전혀 찾아볼 수 없어요."

　이런 고민을 끌어안고 있는 엄마들도 있는데 그런 이들에게 전하고 싶은 내용은 두 가지다. 하나는, 유소년기에 여자처럼 보이는 남자아이도 중학교 2학년부터 고등학교 2학년 정도에 걸쳐서 갑자기 남자다운 남자로 바뀌기 시작하는 경우가 많다는 것이다. 또 하나는 그렇게 변화한 이후에도 어린 시절에 갖추고 있던 여성다운 상냥함은 그대로 남아 있어서, 믿음직하면서도 배려할 줄 아는 남자로서 높은 평가를 받는다는 것이다.

중요한 점은 남자아이의 나약함을 결코 단점으로 부정해서는 안 된다는 것이다. "남자아이는 이러이러해야 한다"라는 고정관념에 지나치게 얽매여 이런 남자아이들의 장점을 단점으로 취급해서는 안 된다.

반대로, 우리 아이는 나약하다는 이유에서 운동은 무리라고 여기고 실내에서 즐기는 놀이만 시키는 것도 정답은 아니다. 다시 말해 바람직하지 않은 것은 "우리 아이는 ~이니까"라며 부모가 미리 '결정'을 내려버리는 태도다. 이것이 남자아이의 가능성을 제한해버린다.

아들이 남자다움이 부족하다는 생각이 들어 운동을 시키는 것은 나쁘지 않다. 단, 그때 "이왕 할 거면 철저하게 해! 그럴 생각이 없으면 처음부터 시작하지 마!" 같은 스파르타식 교육은 바람직하지 않다. 도장에 가고 싶지 않다고 떼를 쓰면 "그래? 알았어. 그럼 조금만 더 노력해보고 그래도 가기 싫으면 그만 둬"라고 두세 번 등을 떠밀어보자. 여자아이와 하는 놀이에 익숙해져 있는 남자아이는 갑자기 남자아이들만 모여 있는 커뮤니티에 들어가면 약간 위축될 수 있다. 설사 엄마에게 나약한 모습을 보이더라도 서서히 친구들과 어울려나갈 수 있도록 적절하게 지원해주자.

아이는 변화하면서 성장하는 존재이기 때문이다.

내성적인 남자아이는
창조적인 능력을
갖추고 있다

우물거리면서 하고 싶은 말을 하지 못한다, 친구에게 장난감을 빼앗겨도 자기 것이니까 달라고 하지 못한다, 친구가 없다……. 이러한 내성적인 아이는 간단히 말하면 '섬세한 아이'다. 그 섬세함이 단적으로 드러나는 부분이 친구 관계다. 강한 아이가 무언가를 시키면 싫다고 거절하지 못하고 시키는 대로 행동한다.

특히 남자아이는 여자아이보다 내성적인 성격이 되기 쉬운 조건이 갖추어져 있다. 말을 잘 하는 여자아이에 비해, 남자아이는 말이 늦기 때문에 자기가 하고 싶은 말을 적절하게 표현하지 못하는 아이가 많다. 엄마가 앞서서 대답을 해버리거나 도와주기 쉽기 때문에 사람이나 사물에 대해 자기 스스로 무언가를 하는 것이 서투르다.

하지만 내성적인 성격이나 섬세함이 결코 나쁜 것은 아니다. 내성적인 아이는 잠자코 있는 시간에 자신의 내면세계에서 대화를 나눈다. 아무것도 하지 않는 것처럼 보이지만 내면세계가 풍부하게 가꾸어지고 있는 것이다. 실제로, 창조적인 일에서 큰 활약을 하고 있는 사람들 중에는 어린 시절에 내성적이었거나 말이 없었던 사람들이 적지 않다.

내성적인 타입에 해당하는 아이는 자신의 내부에서 떠오르는 다양한 생각이나 이미지를 즉시 외부로 표현하지 못하고 내면세계에서 성숙시킨다. 그렇기 때문에 그림, 글, 음악 등을 통해 자신을 표현하려 하는 것이다. 아무 생각 없이 멍한 표정으로 앉아 있는 것처럼 보여도 내면세계는 생생하게 활동하고 있다.

남자아이는 어린 시절부터 "그런 건 하는 게 아니야, 남자잖아", "참고 이겨내야지, 남자니까"라고 남자다운 행동을 강요당한다. 그 때문에 자기 자신도 '남자는 본래 강해야 한다'

는 이상을 품고 그렇지 못한 자신에게 콤플렉스를 느낀다.

내성적인 남자아이에게는 "너는 도대체 왜 그러니?", "아직도 친구가 없어?" 같은 말로 부담을 주지 말아야 한다. 아이는 자신이 나약하다는 것, 친구가 적다는 것을 누구보다 잘 알고 있다. 그런 아이에게 추궁하듯 부담감을 준다는 것은 부모로서 취할 태도가 아니다.

"친구도 만들지 못하는 나는 정말 한심한 아이야"라고 열등감을 품게 되면 무슨 일을 해도 주저하게 되는, 자신감 없는 아이가 될 가능성이 높다.

놀이방이나 유치원, 학교 선생님에게도 조용히 지켜봐달라고 부탁하고 "잘 참았어", "우리 아들은 혼자서도 잘 노네"라고 긍정적으로 인정해주자. "우리 아이는 친구가 없어요. 어떻게 해야 할지⋯⋯" 하고 엄마가 지나치게 걱정을 하면 그 불안감이 아이에게도 전달되어 아이는 더욱 불안해진다.

친구가 없어 고민이 되는 남자아이에게는 "친구는 없어도 돼. 엄마가 우리 아들의 가장 친한 친구니까"라고 다정하게 말을 걸어주자. 그것이 아들에게 힘을 주는 방법이다.

남자아이는
집단놀이를
시킨다

기업에 입사하면 동기들과 단단한 유대관계를 형성하는 한편, 실적 부분에서는 서로 경쟁을 하게 된다. 거래처 사람들과도 의기투합할 때도 있지만, 어떤 문제가 발생하면 즉시 관계를 끊어야 하는 경우도 있다. 이처럼 복잡한 인간관계에 내던져진다. 그 때문에 일찍부터 "그렇게 혹독한 세상에서 우리 아이가 잘 버틸 수 있을지 걱정이에요"라고 걱정을 하는 어머니들도 있다.

아들은 가능하면 집단으로 놀 수 있는 자리를 만들어주도록 하자. 경쟁을 좋아하는 남자아이의 친구 관계는 그야말로 현실 사회의 축소판이다.

- 눈속임을 해서라도 1등을 하려 한다.
- 친구는 싫어하는데 강제로 자기가 원하는 물건과 교환을 한다.
- 하고 싶지 않은 포지션을 다른 친구에게 강요한다.
- 사실은 하기 싫지만 때로는 리더가 시키는 대로 한다.
- 주먹다짐을 하며 싸운다.

이렇게, 아직 어린아이라고 하지만 서로 경쟁을 하는 관계를 구축해간다.

그런 한편,

- 친구가 키우던 애완동물이 죽었을 때에는 진지하게 위로해준다.
- 공통의 적이 나타났을 때는 일치단결하여 맞서 싸운다.
- 사이좋은 친구가 괴롭힘을 당하면 괴롭히는 아이의 신경이 그 친구에게서 멀어지도록 다른 놀이로 유혹한다.

이처럼 서로 격려하고 도와주는 경우도 흔히 있다. 상황에 따라 자신의 이기주의를 관철시키는 경우도 있고 상대를 배려하는 경우도 있는 것이다. 설사 지더라도 자신의 능력이 미치지 못하는 경우에는 깨끗하게 포기한다. 목적을 달성하기 위해서라면 마음에 들지 않는 친구와도 손을 잡는다. 아이들은 친구와의 집단놀이를 통해 이러한 커뮤니케이션 능력을 갖추게 된다.

집단적인 놀이를 했던 경험이 적은 남자아이는 학원 등에서 하나의 목표를 향해 서로 절차탁마하는 교과서적인 관계밖에 배우지 못한다. 그대로 현실 사회에 나가게 되면 '원칙적인 말만 늘어놓을 뿐 쓸모없는 사람'으로서 인간관계가 원활하지 않아, 무능한 사람이라는 딱지를 달게 된다.

지금은 학력 이상으로 '인간관계 능력'이 요구되는 시대다. 친구와 마음껏 뛰어놀게 하는 것도 인간관계 능력을 형성하는 귀중한 훈련이다.

게임은
무조건 금지하기보다
룰을 정하라

텔레비전 게임, 휴대전화 게임, 컴퓨터 온라인 게임, 카드 게임······. 이것들은 모두 어른들의 놀이에 버금갈 정도로 돈이 들어가고 다양한 문제가 발생하는 게임들이다. 그러나 이런 게임들은 남자아이에게 중요한 커뮤니케이션 도구다. 이런 놀이를 완전히 금지해버리면 그 아이는 친구들과의 공간에서 동떨어지게 되기 때문에, 나는 전면 금지에는 찬성하지 않는다.

그렇다고 게임만 즐기도록 그냥 내버려두는 것도 문제다. 따라서 아이와 의논하여 규칙을 정하고, 그것을 지키도록 유도하는 것이 바람직하다.

특히 텔레비전 게임이나 닌텐도 DS 등은 한 번 빠지면 의존성이 매우 높아서 빠져나오기 어렵다. 한계를 모르고 즐기다 보면 스스로도 멈출 수 없는 상황까지 치닫기도 한다.

약속 시간 10분 전에 이야기해도 그만두지 않는 경우가 몇 번이나 거듭되어 지나치게 몰입한다는 판단이 설 경우에는 일시적으로 일주일 정도 게임을 하지 못하도록 하는 것도 효과적이다.

또한 어떤 조사에 의하면 취침 전 두 시간 동안 게임을 금지시켰더니 아침에 일어나기 싫어하고 학교에서도 공부에 집중하지 못하는 등의 문제가 현저히 줄어들었다는 보고도 있다. 이것은 취침 전에 텔레비전 게임 등을 하면 뇌가 흥분한 채로 잠자리에 들게 되어 수면의 질이 떨어지기 때문이라고 여겨진다. 게임이 학습에 대한 집중력이나 행동의 안정에 큰 영향을 끼친다는 의미다.

덧붙여, 교육 전문업체인 베네세가 2007년에 486명을 대상으로 설문조사를 실시한 결과, 게임을 하는 시간은 초등학교 입학 전에는 '거의 없다'가 34퍼센트로 가장 많았다. 그런

데 초등학교에서는 모든 학년에서 '1시간 이내'가 가장 많았고 '2시간 이내'도 증가했다. 그리고 중학생 이상이 되면 '2시간 이내'는 초등학교 고학년과 거의 비슷했지만 '거의 하지 않는다'가 증가했다. 즉, 부서활동이나 공부 등 집중할 대상이 생기면 게임을 하는 시간은 자연스럽게 줄어드는 것이다.

게임도 나쁘지 않지만 게임보다 재미있는 것이 있다는 사실을 아이가 깨달을 수 있도록 친구들과 놀게 하고 캠프에 데리고 가는 등 다양한 경험을 할 수 있는 기회를 만들어주도록 하자.

아이가
집단괴롭힘을
당한다면

여자아이들은 비밀 이야기를 나누면서 친구를 따돌리는 경우가 많다. 남자아이의 집단괴롭힘도 집단적으로 이루어지는 경우가 많다는 점에서는 마찬가지이지만 ❶ 신체적 폭력이나 폭언이 많다, ❷ 돈을 빼앗기는 경우가 많다, ❸ 놀이와 괴롭힘의 경계가 애매하다는 점이 큰 특징이다.

아이의 옷이나 물건, 용돈을 어떻게 사용하는지 등에 신경을 쓰는 것은 물론이고 아이가 여느 때와 다르다는 느낌이 들 때에는 추궁을 할 것이 아니라, "요즘, 학교생활은 어떠니?" 하고 자연스럽게 말을 걸어보자. 엄마와 아이 사이에 "힘들 때는 힘들다고 말해도 된다", "엄마는 내 말에 확실하게 귀를 기울여준다"는 신뢰감이 있으면 아이는 괴롭힘을 당하는 고통스러운 마음을 솔직하게 털어놓을 것이다.

아이가 그렇게 속마음을 털어놓을 때, 부모는 다음과 같은 네 가지 말은 절대로 하지 말아야 한다.

"너에게도 잘못한 점이 있을 거야."
"네가 참으면 돼."
"신경 쓰지 말고 무시해."
"남자가 왜 그래, 한심하게. 너도 갚아주면 되잖아."

괴롭힘을 당하는 아이는 마음의 상처를 받고 자신감을 잃은 상태다. 따라서 "나는 괴롭힘이나 당하는 한심한 아이야"라는 자기부정적인 심리에 젖어 있다.

그런데 평소에 남자는 나약한 행동이나 말을 해서는 안 된다는 교육을 받고 있다면 더욱 입을 다물게 된다. "나약한 내 모습을 드러내는 건 창피해", "엄마의 기대에 미치지 못하는 내가 싫어"라고 생각하며 아무와도 상담하려 하지 않는다.

실제로, 자살을 하는 사람의 약 70퍼센트가 남성이다. 남자니까 참아야 한다는 의식이 주위 사람들에게 나약한 모습을 보이거나 도움을 요청하고 싶은 마음을 가로막기 때문이다. 그리고 결국 더 이상 참을 수 없게 되면 우울증에 걸려 학교나 회사에 가지 않으려 하거나 스스로 목숨을 끊게 된다.

아직 어린아이라고는 해도 남자아이의 마음은 이와 같이 '강해야 한다'라는 심리에 젖어 있다. 아들이 괴롭힘을 당하고 있다는 이야기를 한다면 상당한 용기를 낸 것이라고 받아들여야 한다.

"그래? 엄마에게 말해줘서 고마워", "친구를 괴롭히는 아이가 나쁜 거야. 너는 아무런 잘못이 없어. 그래, 잘 참았다." 이렇게 아이에게는 잘못이 없다는 사실을 분명하게 전하고, 상처받은 아이의 마음을 위로해주어야 한다.

학교에 지나치게
'이해심 많은 부모'라는 인식을
심어주지 마라

부모 입장에서 아이가 괴롭힘을 당하고 있다는 사실을 알았을 때에는 유치원이나 학교에 어떻게 해야 할까? 유치원이나 학교를 찾아가 신경질적으로 화를 내는 것도, 아무 말 없이 조용히 참고 있는 것도 모두 부모로서 현명한 태도는 아니다.

"늘 신세만 지고 있어서 정말 감사하고 죄송합니다. 그런데 요즘 우리 아이가 친구들에게 괴롭힘을 당하고 있다더군요. 학교에서는 어떻게 지내는지 궁금해서요."

"바쁘신데 죄송합니다만 우리 아이가 ○○에게 괴롭힘을

당하고 있다네요. 상담을 좀 하고 싶은데요."

이처럼 아이에게서 들은 내용을 그대로 전하고 앞으로의 대처 방법에 관하여 상담하고 부탁하는 것이 가장 바람직한 방법이다.

"아이 싸움에 어른이 참견하는 것은 옳지 않다"라고 생각하는 이들도 많지만, 그것은 상황에 따라서다. 사소한 싸움이 아니라 집단괴롭힘을 당하고 있다는 사실을 알았을 때에는 아이의 마음과 몸을 지키기 위해 '부모로서 해야 할 일은 모두 시도한다. 선생님에게도 반드시 협조를 얻어낸다'는 자세를 관철해야 한다.

교사도 인간이다. 부모가 진지하게 상담을 해오면 그만큼 아이에게 신경을 써준다. 반대로, 부모가 아무 말이 없으면 교사도 상황을 정확하게 인식하지 못하기 때문에 대처를 할 수 없다.

그렇다고 "선생님! 대체 어떻게 하실 거예요?"라고 추궁을 하듯 이치에 맞지도 않는 억지를 부리는 행동은 절대 금물이다. "○○ 어머니는 요주의 인물이야"라는 인상을 심어주어 기피 대상이 될 수 있기 때문이다.

어른으로서의 분별력을 가지고 엄격하게, 하지만 결코 감정적으로 대응하지 말고 학원이나 학교에 부탁해야 할 부분들을 정확하게 제안하는 자세로 대처하면 선생님도 반드시 귀를 기울이고 진심으로 대처해줄 것이다.

자기주장 훈련을 통해
인간관계에 강한 아이로
키운다

언어 발달이 느린 남자아이는 마음에 들지 않는 일
이 있을 때 그 마음을 적절하게 표현하는 방법이 서투르다.
그렇기 때문에 무슨 일이 있더라도 조용히 참는다거나, 반대
로 참다못해 갑자기 폭발하는 양극단의 행동을 취하기 쉽다.
그리고 이것들은 모두 인간관계의 문제로 발전하기 쉽다.

인간관계에는 평생 동안 스트레스를 받는 상황이 발생한
다. 이에 적절하게 대처하려면 상대방에게 그 뜻이 전해질 수
있는 말투로, 자신의 마음을 전달하는 방법을 배워두어야 한
다. 이것을 '어서션(assertion, 자기주장)'이라고 한다.

요즘에는 이러한 자기주장 훈련(assertion training)을 도입하는 학교가 늘고 있다. 예를 들면 다음과 같은 식이다.

"너, 개그맨 ○○하고 많이 닮았다. ○○처럼 앵무새 흉내 좀 내봐. 빨리!"라는 놀림을 당했을 때, 어떻게 대처해야 할까?

- ☁ "하지 마……"라고 웃으면서 말한다. (참는다)
- ☁ "놀리지 마! 너야말로 ○○하고 똑같이 생겼어! 멍청한 놈!" (폭발한다)
- ☀ "정말이야? 정말 닮았어? 하지만 기분이 좋지는 않다"라고 침착하게 말한다. (자기주장)

게임 소프트웨어를 돌려달라고 했는데 돌려주지 않을 때, 어떻게 대처해야 할까?

- ☁ "그래. 아직 더 하고 싶은 거야……" 하고 이해한다. (참는다)
- ☁ "돌려달라고 했잖아!" 하고 화를 낸다. (폭발한다)
- ☀ "그거 재미있나 보구나. 그런데 나도 이제 가지고 놀고 싶으니까 오늘만 더 하고 내일은 꼭 돌려줘"라고 부드

러운 목소리로, 하지만 의연한 태도로 이야기한다. (자
기주장)

'자기주장'이란 상대방의 입장을 이해하면서도 자신의 마
음을 적절하게 전달하는 방법이다. 불편한 상황에서 단순히
참는 것도, 반대로 분노를 폭발시키는 것도 아니고, 자신의
입장과 상대방의 입장을 소중하게 생각하면서 (최대한) 적절
한 결과를 얻을 수 있다.

어느 정도 상처가 남더라도 시간이 지나면 어색했던 상대
방과도 관계를 회복할 수 있는, 인간관계를 헤쳐나가기 위해
필요한 강인한 기술이 갖추어진다. 자기주장 능력이 길러지
지 않으면 앞으로 어른이 되었을 때 상사가 잇달아 일을 시켜
도 "아니오"라고 말하지 못하고 모두 떠맡은 뒤 그 스트레스
때문에 우울증이나 과로사에 이르거나, 반대로 일을 하다가
조금이라도 마음에 들지 않는 점이 발생하면 즉시 분노를 폭
발시켜 그때마다 회사를 그만두고 전직을 되풀이하게 된다.

자기주장 능력을 갖추게 하려면 아이와 함께 서로의 역할
을 정해놓고 연습을 하는 것도 좋은 방법이다. 예를 들어 엄

마는 성격이 거친 악당, 아들은 정의로운 주인공이라는 식으로 역할을 정해놓고 싫은 것은 "싫다"라고 말하는 연습을 하는 것이다.

그 밖에도 채소가게에서 채소값이 너무 비싸다는 생각이 들 때 적절하게 가격을 깎는 흥정 방법 등을 통해 엄마가 아이에게 자기주장의 모델을 보여줄 수도 있다. 일요일에 누워만 지내는 남편에게 "대체 언제까지 누워서 뒹굴기만 할 거예요!"라고 화를 내는 것이 아니라 "여보, 일 때문에 힘든 건 알지만 집안일도 조금만 도와주면 내가 정말 편할 것 같아"라고 부탁을 하는 식으로 엄마가 자기주장의 모델을 보여주는 것도 좋은 방법이다. 일상생활에서 자기주장을 부모가 앞장서서 실천하여 아이에게 모델을 제시하는 것이다.

사실 자기주장은 여성도 쉽지 않다. 엄마 자신이 자기주장 능력이 부족한 경우가 많다. 여성은 다른 사람의 마음을 지나치게 배려하여 자신의 마음을 억제하거나, 참고 참다가 결국 사소한 문제에 불같이 분노를 폭발하는 경우가 많다. 예를 들어, 사실은 짜장면이 먹고 싶은데 남편이나 아이들이 파스타를 먹고 싶다고 하면 자기가 먹고 싶은 음식을 포기하는 식이다. 이럴 때에는 다음과 같이 말해보자.

"그래? 모두 파스타를 먹고 싶다고? 하지만 엄마는 오늘 짜장면이 먹고 싶은데."

"아이, 파스타로 먹어요."

"그럴까? 그럼 오늘은 파스타로 하자. 하지만 다음에 외식할 때는 엄마가 먹고 싶은 걸 먹는 거야. 알았지?"

"음……. 그럼 그렇게 해요."

이렇게, 먼저 엄마 자신이 자기주장 능력을 갖추고 상대방의 입장을 이해하면서 자신의 마음도 확실하게 전달할 수 있어야 한다. 주부는 아무래도 아이나 남편에게 맞추어주는 경우가 많기 때문에 스트레스가 쌓이다가 사소한 계기로 터무니없이 폭발한다.

아이가 조금만 실수를 해도 "도대체 왜 내 말을 듣지 않는 거야!" 하고 분노를 폭발하거나 남편의 별것 아닌 한마디에 "당신은 늘 그런 식이야!"라고 공격적인 모습을 보인다. 사소한 문제를 계기로 그동안 참았던 스트레스가 폭발해버리는 것이다. 이렇게 여성은 그 자리에서 분노를 발산하는 남성과 다르기 때문에 "여성의 분노는 포인트 카드"라고 불린다. 즉, 엄마 자신도 결코 커뮤니케이션 능력을 갖추었다고 말할 수는 없다.

우선, 엄마 자신이 자기주장 능력을 갖추고 스트레스가 쌓이지 않는 행복한 인생을 보내도록 하자. 그런 엄마의 모습을 매일 지켜보는 것이 아이가 상대방과 자신을 모두 소중하게 여길 수 있는 커뮤니케이션 방법을 갖추는 가장 빠른 지름길이다.

6장

사춘기를 잘 넘겨야
건강한 남자, 좋은 남편이 될 수 있다

아이가
변태일지도 모른다고
고민하는 엄마에게

"우리 아이는 이제 네 살인데 텔레비전에 수영복 차림의 여자가 나오면 넋을 잃고 바라봐요. 커서 여자에게 너무 빠져드는 게 아닐지 걱정이 돼요."

"갓난아이 때부터 여자를 좋아했어요. 자주 이용하는 슈퍼마켓 카운터 아가씨만 보면 미소를 지어 보이고 카운터를 떠나려 하지 않아요. 이거, 문제 아닌가요?"

"우리 아이는 음경과 관련된 말이나 똥 같은 천박한 말을 잘 해요. 이래서 제대로 자랄 수 있을까요?"

"늘 고추만 만지고 있어요. 초등학생이 된 이후에도 이러고 있으니 혹시 변태 아닌가요?"

　내 입장에서 보면 저절로 미소가 지어지는 듯한 남자아이들의 이런 행동도 엄마 입장에서는 걱정의 씨앗이 될 수 있다. 결론부터 말해서 이런 일들은 전혀 걱정할 문제가 아니다.

천박한 말을 한다

　남자아이가 천박한 말을 즐겨 사용하는 데에는 다양한 이유가 있다.

- 천박한 말을 했을 때 엄마가 보이는 반응이 재미있어서 사용하는 아이도 있다. 엄마 입장에서는 놀림을 당하는 듯한 기분이 들 수도 있지만, 이것은 엄마와의 정서적인 유대관계가 순조롭게 성장하고 있다는 증거다.
- 천박한 말에는 재미있는 여운이 담겨 있는 것들이 많기 때문에 그 여운을 즐기기 위해서 사용하는 아이도 있을 수 있다. 이것 역시 언어에 관심을 가지기 시작했다는 정도로 이해하도록 하자.
- 네다섯 살쯤에는 특히 성적인 관심이 강해지는 시기이기

때문에 이런 말을 사용하는 아이도 있다.

위와 같은 현상들은 순조로운 발달 과정에서 엿볼 수 있는 일시적인 현상이다. 부모 입장에서는 오히려 잘 자라고 있는 증거라고 안심해야 한다.

음경을 만진다

음경을 만지는 것은 그렇게 하고 있으면 왠지 마음이 안정되기 때문이다. 성인 남성의 경우에도 팬티 안에 손을 집어놓고 있으면 왠지 모르게 마음이 편안해진다는 사람이 있다. 남자의 습성이라고 생각하고 "지저분하니까 하지 마!", "더럽게 왜 그래!"라고 일일이 꾸짖지 않도록 한다. 물론, "고추 만지면 손 씻어야 돼" 정도는 괜찮다.

음경이
있다는 것을
칭찬해주자

　　"나는 남자다" 또는 "나는 여자다"와 같은 성적 자아는 약 네다섯 살 무렵에 확립된다. 전쟁놀이에 빠지는 것도 "나는 남자다"라는 생각이 싹트고 있다는 증거다. 이 시기에 "나는 남자다"라는 것을 긍정적으로 받아들이지 않으면 자신이 남성이라는 것에 대해 자신감을 가질 수 없게 된다.

　　그래서 신경을 써야 하는 것이 욕실에 있을 때 아들과의 대화다. 아들과 함께 욕조에 들어갔을 때에는,

　　"우리 아들은 고추가 달려 있어서 정말 멋져."

　　"그건 남자의 파워를 상징하는 거야. 아빠도 있잖아."

이렇게 긍정적인 말을 사용하여 자신이 남자라는 사실을 긍정적으로 받아들일 수 있도록 해준다. 특히 아빠가 바빠서 엄마나 할머니하고만 욕실에 들어가는 남자아이는 "왜 나만 이런 게 달렸지? 다른 사람은 다들 없는데……. 내가 문제가 있나?"라고 생각할 수도 있다. 그럴 경우, "나도 엄마와 마찬가지로 여자로 태어났어야 했어"라고 생각하여 남자로서의 자신을 긍정적으로 받아들이지 않을 수 있다.

절대로 해서는 안 되는 것이 남자아이의 음경을 놀리듯, "그게 뭐니? 이상하게 생겼네", "아, 기분 나빠. 징그러워"와 같이 부정적으로 말하는 것이다.

마찬가지로, 여자아이와 욕실에 들어갔을 때 아빠가, "아빠한테는 고추가 있지? 멋있지?"와 같이 말하는 것도 바람직하지 않다. "너는 여자니까 고추가 없지만 그 대신 아이를 낳을 수 있어. 아이를 낳는다는 건 정말 대단한 거야!"라고 여자라는 사실을 긍정적으로 받아들일 수 있도록 말해주어야 한다.

남자아이에게는 자신이 남자라는 사실을, 여자아이에게는 자신이 여자라는 사실을 긍정적으로 받아들일 수 있도록 대하는 것이 중요하다.

남학교에 가면
여자 친구를
만들기 어렵다?

　　　　　나는 딸 하나를 두고 있지만 만약 아들이 있다면 아마 남학교에는 보내지 않았을 것이다. 요즘에는 남녀공학이 주류를 이루고 있기는 하지만, 아직도 남학교와 여학교를 고집하는 재단이 꽤 있다.

　여학생을 의식하지 않고 공부에 집중할 수 있다, 평생 함께할 수 있는 진정한 친구를 사귈 수 있다, 남자들뿐이기 때문에 엄격한 지도를 받을 수 있다, 남학교에서만 가능한 행사가 있다……. 이런 점들은 분명히 남학교만의 장점이다. 이런 점에 이끌려 남학교를 선택하는 가정도 적지 않다.

하지만 여성과의 커뮤니케이션 능력, 연애 능력, 결혼 능력의 관점에서 볼 때는 어떨까? 내가 생각하기에, 중·고등학교라는 가장 감수성이 풍부한 시기에 이성을 대할 기회가 주어지지 않는다는 것은 너무 큰 핸디캡이다. 외모나 커뮤니케이션 능력에 자신이 있고 다른 학교 여학생에게 먼저 말을 건네고 다가갈 수 있는 일부 남자아이는 예외이지만 말이다.

다음과 같은 데이터도 이를 증명해준다. 메이지대학의 내 수업에서 남학교 출신 학생과 남녀공학 출신 학생을 비교해보았더니 남녀공학 출신의 약 40퍼센트가 여자 친구가 있는 데 비해, 남학교 출신은 여자 친구가 있다는 학생이 약 9퍼센트에 지나지 않았다. 한편 여학교 출신 학생의 경우에는 남자 친구가 있는 비율이 남녀공학 출신 여학생과 거의 비슷했다. 단, 여학교 출신 학생 쪽이 교제 상대를 선택할 때 상대방의 성격보다는 학력이나 직장, 연봉, 집안 등의 외적 조건을 중시하는 이른바 '브랜드 지향' 경향이 높았다.

어쨌든, 남학교 출신 대학생 열 명 중에서 불과 한 명밖에 여자 친구가 없는 것이다. 하물며 이공계 학부에 진학하면 대학이나 직장에도 여성이 없기 때문에 여성과 대화를 나눌 기회는 한층 줄어든다. 가만히 앉아 있어도 근처에 사는 아주머니가 여성의 사진을 가지고 와서 중매를 서주는 과거라면 상관없지만 지금은 시대가 다르다.

그렇다면 왜 남학교 출신은 여자 친구를 만들기 어려운 것일까?

이유 중 하나는 '익숙하지 않기 때문'이다. 여학생과 함께 있다는 것만으로 긴장을 하는 남학생이 적지 않다.

두 번째는 무엇을 어떻게 이야기해야 좋을지 모르기 때문이다. 이성과의 커뮤니케이션 방법을 모르기 때문에 당황하는 것이다. 그래서 묘하게 고집을 부리거나 고압적인 태도를 취하는 학생도 적지 않다.

그리고 세 번째가 여성에 대한 이상화 때문이다. 여성과 제대로 이야기해본 적이 없기 때문에 이미지만 부풀어 올라, "여자는 이렇게 생각하는 존재", "여자는 ○○는 하지 않는 존재"와 같이 비대화된 '이상적인 여성상'을 만들어버리는 학생도 있다. 그럴 경우, 여성이 약간만 자기주장을 하거나 실수를 하면 필요 이상으로 상대를 책망하기 쉽다. 자신의 생각을 받아들여주지 않으면 "사랑이 있다면 모두 받아들일 수 있어야 해"라고 여성에게 요구하고 교제가 끊어져버린다.

일본의 경우, 40세 남성의 동정 비율이 약 10퍼센트라고 한다. 아마 남녀공학 출신보다 남학교 출신인 사람이 평생미혼율이나 평생동정율도 높을 것이다. 2005년 일본의 국세조사에 의하면 현재 20대 후반에서 30대 초반 남성의 평생미혼율은 약 30퍼센트라고 한다. 여러분의 아들 세대가 되면 평생미혼, 즉 '평생 한 번도 결혼을 하지 않은 남성'의 비율은 40퍼센트 가까이에 이를 것이다.

남학교의 장점에 이끌려 그쪽으로 진학하는 마음은 충분히 이해하지만, 중·고등학교 시절에 이성을 상대하지 못하는 데에서 오는 여파는 뜻밖으로 매우 커서, 아이가 30~40대가 되면 서서히 나타나기 시작한다.

남녀공학인가, 남학교인가……. 진지하게 생각해보자. 내게 아들이 있다면 틀림없이 남녀공학을 권할 것이다.

부부의 스킨십이
아이의 마음을
안정시킨다

어떤 프랑스 영화를 보았더니 이런 인상적인 장면이 있었다. 초등학교 저학년 정도의 남매가 아침에 부모님의 침실을 들여다보고 서로 얼굴을 마주 보더니 싱긋 미소를 짓는 것이다. 어젯밤에 싸움을 했던 아빠와 엄마가 침대에 알몸으로 사이좋게 누워 있었기 때문이다.

역시 아무르(amour)의 나라 프랑스답다. 섹스라는 행위의 존재 자체는 아직 모른다고 해도 서로 사랑하는 부부나 연인은 함께 침대에서 알몸으로 잔다는 것을 어린아이들조차 잘 알고 있는 것이다.

한편, 일본에서는 아이가 부모의 침실에서 콘돔을 발견하면 "뭐야? 우리 엄마 아빠는 아직도 이런 걸 하는 거야?" 하고 충격을 받는 경우가 적지 않다. 일본의 아이들은 아빠와 엄마를 '남자'나 '여자'로는 보지 않기 때문이다. 그도 그럴 수밖에 없다. 아빠와 엄마가 서로 사랑하는 모습을 본 적이 없는 탓이다.

전에 등교를 거부하는 아이를 카운슬링하면서 이런 말을 들은 적이 있다.

"우리 엄마 아빠는 더 이상 사랑하지 않아요. 엄마 아빠가 키스를 하거나 포옹하는 모습을 본 적이 없어요."

우리 집도 그렇다고 고개를 끄덕이는 이들은 없을까? 일본의 부부는 설사 사이가 매우 좋다고 해도 아이가 보는 앞에서 스킨십을 하는 것은 부끄럽다고 생각하는 이들이 많다. 그러니 "아기는 엄마와 아빠가 서로 사랑해서 엄마 뱃속에서 탄생하는 거야"라고 아무리 설명을 해도 설득력이 없다.

- 아이 앞에서 손을 잡는다.
- 아이 앞에서 서로 포옹을 한다.

- 아이 앞에서 서로 키스를 한다.

가능하면 이 중에서 두 가지 정도는 실천하도록 하자. 부모의 스킨십을 지켜보며 자란 아이는 마음에 안정감이 형성된다. 아빠와 엄마가 서로 사랑한다는 확신을 가질 수 있기 때문이다.

또한 스킨십이 많은 가정에서 자란 아이는 나중에 연애나 결혼에 대해 긍정적인 이미지를 가지기 쉽다. '사랑하는 사람과 스킨십을 하는 것은 멋진 행동이다', '사람을 사랑하고 결혼하는 것은 즐거운 일이다'라는 긍정적인 이미지가 형성되기 때문이다. 그리고 그것은 "여성이 싫다고 하면 섹스를 해서는 안 된다. 섹스는 서로가 즐거워야 하니까"라는, 건전한 성의식을 배양하는 데에도 도움이 된다.

오늘부터 당장 하루에 5분, 아이 앞에서 부부가 스킨십을 하도록 하자. 쑥스럽다고 생각해서는 안 된다. '아이 앞에서 손을 잡고 포옹을 하고 키스를 한다' 중에서 가능한 것부터 시작해보자.

엄마는
집에서도
'멋진 여자'여야 한다

남자아이가 여성이나 결혼에 대해 좋은 이미지를 가지게 하려면 어떻게 해야 좋을까? 부부가 아이 앞에서 조금이라도 스킨십을 자주 하는 것, 그렇게 하기 위해 노력을 아끼지 않는 것이다. 반대로, 아빠는 늘 팬티 차림으로 어슬렁거리고 엄마도 더 이상 여자가 아니라는 듯이 헐렁한 바지 차림으로 돌아다닌다면 아이는 "여자는 결혼을 하면 결국 저렇게 되는구나……" 하는 생각에 여자에 대한 동경을 품을 수 없게 된다.

남자아이도 초등학교 6학년 정도가 되면 친구와 길을 걷다가 친구의 엄마를 보고, "너희 엄마는 아직도 예쁘다. 멋져" 하고 평가를 한다. 이런 말을 들으면 아이의 입장에서는 당연히 기분이 좋다. 반대로, "미안하지만 너희 엄마는 여자로서 매력이 없어"라는 말을 들으면 결혼에 대해 긍정적인 이미지를 가질 수 없다.

외출을 할 때뿐 아니라 집에서도 가능하면 '멋진 여자'가 될 수 있도록 노력하자. 엄마가 집에서 몸가짐에 신경을 쓰지 않고 아이와 남편에게 잔소리만 늘어놓으면,

"결혼을 하면 여자는 결국 마귀할멈이 되는 거야."

"밖에 나갈 때는 그럴듯하게 옷을 차려입지만 집 안에서는 매일 트레이닝복 차림이야. 다른 사람들의 눈은 무서워도 아빠의 눈은 신경 쓰지 않는 거야."

이렇게 생각하게 된다. "결혼을 하면 사랑은 끝나는 거야. 그게 현실이야"라고 결혼에 대해 차가운 이미지만 가지는 것이다.

물론, 어린아이가 있는 가정은 24시간 운동회와 같은 상태다. 몸가짐에 신경을 쓸 여유가 전혀 없다. 하지만 잠깐이라도 시간이 나면 그 시간을 조금만 할애해서 '여자로서의 자

신'을 위해 사용하도록 하자. 우선 미용실에 가서 머리를 손질하는 것부터 시작하면 어떨까?

엄마가 집 안에서도 매력적인 모습을 보여주고 행복한 표정으로 있으면 남자아이의 여성관, 결혼관이 긍정적으로 길러진다.

사춘기 남자아이는
성적인 문제로
진지하게 고민한다

　　전화로 아이들의 고민 상담을 해주는 '차일드라인'의 카운슬러로 일하는 분의 이야기에 의하면, 남자아이들의 상담에서 가장 많은 부분을 차지하는 것이 성(性)에 대한 고민이라고 한다.

　　"야한 생각만 들어요. 제가 이상한 건가요?", "자위를 많이 하면 바보가 된다는데 정말이에요?"라는 고민을 정말 진지하게 상담해온다는 것이다.

　　이럴 때, 부모 입장에서는 어떻게 대응해야 할까? 어려워할 필요는 전혀 없다.

남자아이 키울 때
꼭 알아야 할 것들

215

- "아침에 일어났는데 뭐가 나온 적 없니? 그걸 몽정이라고 하는 거야."
- "여자를 보고 이상한 느낌이 드는 건 네가 어른이 되었다는 증거야. 아래가 커지면 마음껏 만져도 돼."
- "정액 때문에 속옷이 더러워지면 살짝 빨아서 빨래바구니에 넣어둬. 누구나 당연히 겪는 일이니까 창피해할 것 없어."

이런 식으로 자연스럽게 대처한다. 엄마의 자연스러운 태도가 사춘기 남자아이의 지나친 부끄러움을 없애준다.

사춘기 남자아이에게
해도 되는 것,
해서는 안 되는 것

사춘기 남자아이의 성에 대해 엄마가 보고도 못 본 척해야 할 것이 있고, 반대로 보고도 못 본 척해서는 안 되는 것이 있다.

● 보고도 못 본 척해야 하는 것

아들이 몽정으로 더러워진 속옷을 몰래 빨고 있을 때

"그게 뭐니? 아, 더러워"라고 눈을 동그랗게 뜨고 인상을 찌푸린다면 엄마로서의 자격이 없다. 반대로, "몽정했니? 축하한다! 이제 어른이 되었네!" 하고 지나치게 들뜬 목소리로 강조하는 태도도 아이를 부끄럽게 만든다.

이럴 때는 기본적으로 보고도 못 본 척하는 것이 최고다. 창피해서 숨어서 옷을 빨고 있는 상황이니까 모르는 척하는 것이 가장 바람직하다.

인터넷이나 휴대전화로 야한 사이트를 보고 있을 때, 야한 책을 보고 있을 때

어지간하면 못 본 척해주는 것이 가장 바람직하지만 지금은 지나치게 음란한 사이트를 손쉽게 들여다볼 수 있는 시대다. 역시 컴퓨터를 처음 설정할 때 미성년자 유해 사이트 차단 프로그램 같은 것을 설치해두는 것이 좋다. 또한 아들이 들여다보고 있는 사이트가 예를 들어 '강간'과 관련된 것들뿐이라면 좀 더 상황을 지켜보고 남편과 이야기를 나누어본다.

그러나 기본적으로는 시간이 흐르면 자연적으로 잊혀지는 일시적 현상이다. 너무 걱정할 필요는 없다. 야한 책 정도라면 웃으며 넘어가자.

방에서 자위를 하고 있을 때

"너 지금 자위하는 거니?" 하고 방까지 침범하여 상황을 지켜보는 무신경한 엄마가 뜻밖에 많다는 데에 깜짝 놀랐다. 이것은 절대로 해서는 안 되는 행동이다. 아무리 자기 자식이라고 해도 이런 행동을 하는 것은 엄마로서의 자질을 의심하지 않을 수 없다.

자위를 할 나이가 되면 자기 방(또는 동성의 형제와 함께 이용하는 방)을 원하게 된다. '부모에게는 말할 수 없는 비밀'이 중요한 의미를 가지기 시작하는 시기다. 따라서 그 방은 함부로 들어가서는 안 된다. 아이의 방에 들어갈 때에는 반드시 노크를 한다.

●보고도 못 본 척해서는 안 되는 것

여성을 비하하는 성적인 발언에는 주의를 준다

사춘기 남자아이라면 누구나 체험하는, 일시적 성적 욕구는 보고도 못 본 척하는 것이 좋다. 하지만 일그러진 성 지식이나 여성을 비하하는 발언은 그냥 넘어가지 말아야 한다.

아들: "저런 모습으로 돌아다니니까 강간을 당하지."
엄마: "그건 아니라고 생각하는데? 저렇게 노출이 심한 차
림으로 돌아다니는 건 분명히 문제가 있어. 하지만
노출이 심하다고 해서 강간을 당해도 된다는 건 아
니지. 자기 몸은 자기 거니까 그 사람 허락 없이 손
을 대는 건 절대로 해서는 안 되는 짓이야."

이처럼 의연한 태도로 여성을 인간으로서 소중히 여기는
사고방식을 가르쳐준다. 아이가 반응이 없거나 대꾸를 하지
않더라도 상관없다. 이런 대화가 쌓이다 보면 남자아이의 마
음에 올바른 여성관이 길러진다.
사춘기 아들의 성에서 가장 중요한 것은 부모가 지나친 반
응을 보이지 않는 것이다. 사춘기 남자아이는 성적인 문제에
매우 예민하다. 사소한 문제를 가지고 엄마가 "너, 정말 괜찮
은 거야?"라고 지나치게 걱정하는 모습을 보이거나 "넌 왜
그렇게 음탕하니?" 하며 놀리면 아이는 성적인 주제에 대해

이야기하지 않게 된다. 그럴 경우, 아이의 마음에 성에 대한 건전한 의식이 길러질 기회가 사라져버린다.

사춘기는 아이가 어머니로부터 벗어나는 시기다. 하지만 아직 어른의 입구에 서게 되었을 뿐인 남자아이들은 성에 관해서는 초보자다. 때로는 보고도 못 본 척을 해야 하고, 때로는 오픈된 상태에서 대화를 나누면서 당황하거나 불안한 모습을 보이지 말고 따뜻한 눈길로 지켜보도록 하자.

반항기의 남자아이는 당연히 이해할 수 없는 존재다

"중학교 2학년이 된 아들이 요즘 들어서 아무 이유도 없이 저를 피해요."

"무슨 질문을 해도 '별일 없어', '아냐'라고만 대답해요……. 무슨 생각을 하고 있는 건지 전혀 모르겠어요."

"아들에게 무슨 일을 하고 싶냐고 물어도 대답을 안 해요. 그러다가 갑자기 '시키는 대로 하면 될 거 아냐!' 하고 짜증을 내요."

나의 경우에도, 사춘기 남자아이와 대화를 나눌 수 없다는 고민 때문에 상담을 해오는 어머니들이 많이 있다.

결론부터 말하면, 사춘기 아이를 이해할 수 있다고 생각하는 것 자체가 문제가 있는 사고방식이다. 사춘기 남자아이는 엄마 입장에서 보면 도저히 이해하기 어려운 '에일리언' 같은 존재다. 그 점을 전제로 아이를 대해야 한다.

사춘기 남자아이가 말수가 갑자기 줄어들거나 입을 닫아버리는 것은 성장발달 과정에서의 일시적 현상이다. 갑자기 아이의 성격이 나빠졌다거나 엄마를 미워하게 된 것은 아니다.

초등학교 고학년부터 고등학생 정도까지의 이른바 사춘기에는 남성호르몬이 급격하게 증가한다. 남자아이의 남성호르몬 증가는 여자보다 빨라서, 남성호르몬의 하나인 테스토스테론은 몇 배에서 수십 배까지 증가한다고 한다. 테스토스테론은 정자를 만들어내고 체모를 짙게 하며 목소리를 변화시키는 작용 이외에도 공격성을 높이는 작용을 한다. 남자아이의 반항기가 여자아이보다 격심한 이유는 그 때문이다.

엄마 이상으로 당사자인 아이 자신이 자신의 갑작스런 신체적·정신적 변화에 더욱 당황한다. 사춘기 남자아이의 마음은 초등학생까지의 '아이였던 자신의 모습'이 무너지고 아직 '어른으로서의 새로운 자신의 모습'은 형성되지 않은, 미정형의 어정쩡한 상태다. 따라서 스스로도 자신이 어떤 존재인지 알지 못한다.

그럴 때 "네 마음을 말해봐"라고 해봐야 아이는 대답할 방법이 없다. 자기가 무슨 생각을 하고 있는지, 무슨 고민을 하고 있고, 무엇 때문에 초조한 마음이 드는지 스스로도 모르기 때문이다.

이 시기에 부모가 취해야 할 태도는 한 걸음 물러서서 조용히 지켜보는 것이다.

"지금 네가 어떤 상태인지 엄마는 몰라. 잘 모르지만 당연히 신경은 쓰고 있어. 무슨 일이 있으면 언제든지 엄마에게 말해. 엄마가 할 수 있는 일이라면 무엇이든 해줄 테니까……."

이렇게 좋은 의미에서의 '포기'를 하고 한 걸음 물러선 상태에서 지켜보는 자세로 대하면 아이 마음이 한결 편해진다. 부모가 만든 세계와는 다른, 아이 자신이 구축한 세계가 그대로 존중을 받으면, 자신의 내부에서 충분히 고민하고 어른이 되기 위한 탈피를 도모할 준비를 할 수 있다.

이때 부모가 절대로 해서는 안 되는 행동은 아이의 급격한 변화에 얽매여 불안한 모습을 보이는 것이다. 그럴 경우, 아이는 '새로운 자기 만들기'라는 매우 중요한 작업에 몰두할 수 없게 된다. 가뜩이나 자신의 마음이 어떤 상태인지 몰라 초조한 상태인데 엄마의 불안한 마음까지 신경을 써야 하는 상황이 발생하면 당연히 내면세계에서 이루어지는 일에 몰두할 수 없다.

아이가 아빠 엄마를 멀리하게 되었다면 아이를 대하는 태도를 '교육 중심 모드'에서 '관망 중심 모드'로 전환해야 한다는 사인으로 받아들여야 한다.

사춘기 남자아이를
지켜보는
7가지 방법

초등학생 시절까지 남자아이의 모든 것을 돌보아 주었던 엄마 입장에서 볼 때, 중학교에 입학한 무렵부터 '관망 모드'로 전환한다는 것은 상상 이상으로 어려운 일이다.

"관망이 어떤 의미예요?"라는 질문을 자주 받는데, 이 기회에 정확하게 설명하고 넘어갔으면 한다.

'관망'이란 아이 자신이 마음대로 행동하게 하면서도, 단순히 방치하는 것이 아니라 "늘 네게 신경을 쓰고 있다"는 사인을 끊임없이 보내는 것이다.

구체적으로는 다음과 같은 7가지 방법을 시도해보자.

"같이 대화를 나누어보면 이해할 수 있다"고 끈질기게 대화를 시도하지 않는다

"대화를 나누면 이해할 수 있다"고 말하지만, 대부분의 경우 "확실하게 이야기하면 아이가 부모의 생각을 이해할 것이다"라는 의미다. '대화'의 내용이 대부분 단순히 어른의 의견을 강요하는 것에 지나지 않기 때문에 사춘기 아이들은 맹렬하게 반발한다.

"신경 쓰고 있다"는 메시지를 끊임없이 보낸다

사춘기 아이에게는 지나치게 추궁하는 것도 바람직하지 않지만 너무 무관심한 태도를 취하는 것도 바람직하지 않다. '아이와 어른의 중간'이라는 애매한 상태에 놓여 있는 그들은 부모의 존재를 기피하면서도 한편으로는 강렬하게 부모를 요구하는, 불균형 상태에 놓여 있다.

아들이 학교에서 돌아와 거실을 그대로 지나쳐 자기 방으로 들어가버린다고 하자. 이럴 때에는 "간식, 밖에 내놨다", "엄마, ○○에 좀 다녀올게"라고 여느 때처럼 말을 건넨다.

중요한 것은 대답을 요구하지 말라는 것. "왜 대답을 안해!" 하고 추궁하면 아이를 초조하게 만들 뿐이다.

폭언은 흘려듣는다

아들에게 말 좀 걸었을 뿐인데 "시끄러워!"라는 대답이 돌아오거나 무시를 당하는 경우가 있다. 이럴 때에는 "그게 무슨 말버릇이야!"라고 야단치지 말고, "아, 미안!" 하고 가볍게 흘려듣는 것이 현명한 태도다.

사춘기 남자아이의 불안감에는 명확한 이유가 없다. 그저 '불안한 것이 일반적'일 뿐이다. 그렇게 이해하고 여유 있게 대처하자.

상황이 심각해지면 자리를 피한다

"솔직히 말해서 반항기의 아들을 이해하는 데 완전히 지쳤어요. 너무 미워서 이제는 정도 떨어졌어요. 어딘가로 도망치고 싶을 정도예요"라고 한숨을 내쉬는 어머니도 드물지 않게 볼 수 있다. 정성을 다해 키웠는데 사사건건 반항만 한다면 그런 생각이 드는 것도 무리가 아니다.

"죽어버릴 거야!", "죽여버릴 거야!", "시끄러워!"라는 식의, 아들의 참을 수 없는 폭언을 흘려듣지 못해서 심한 말다툼을 벌이게 되는 경우도 있다. 그 때문에 손찌검을 하는 경우도 있는데 정말 큰일이다. 그야말로 전쟁 상태가 아닐 수 없다.

그럴 때는 엄마가 두세 시간 정도 집을 나가 자리를 피하는 것이 좋다. 노래방에 가서 노래를 부르거나 레스토랑에 가서 커피를 한 잔 마시며 스트레스를 해소하는 것도 나쁘지 않은 방법이다. 어쨌든 두세 시간 정도 자리를 피하도록 한다.

집 안에 사춘기 남자아이와 줄곧 단둘이 있다 보면 숨이 막히는 것이 당연한 현상이다. 두세 시간 정도 지나 집으로 돌아오면 두 사람 다 마음이 안정되어 있을 것이다. 어쩌면 아들이 먼저 사과를 할지도 모른다.

자신의 마음을 전한다

아들의 지나친 태도에 화가 났을 때에는,

"네 말에 엄마는 상처를 받는다는 말은 해두고 싶다."

"아까는 미안하다. 내가 심했어. 하지만 엄마도 '죽여버리겠다'는 네 말을 듣고 정말 마음이 아팠어."

이렇게 상처를 받았거나 마음이 아팠다는 엄마 자신의 마음을 솔직하게 전한다. 고함을 지르고 맞서 싸우는 것보다는 훨씬 더 아이의 마음에 와 닿는다.

휴대전화나 메일을 체크하거나 책상이나 가방 속을 들여다보지 않는다

사춘기 아이에게 가장 해서는 안 되는 행동이 휴대전화나 이메일 체크, 문자메시지 체크, 책상이나 가방 속을 들여다보는 것이다. 비밀을 가진다는 것은 사춘기 아이가 성장하고 있다는 중요한 증거다. 그런데도 부모가 이런 무신경한 행동을 하는 탓에 아이와의 관계가 완전히 붕괴되는 경우가 있다. 부모의 마음을 아프게 하기 위해 도둑질을 하는 아이도 있다.

"아이 몰래 보는 것이니까 괜찮다"는 안일한 생각은 금물이다. 아무리 몰래 살펴본다고 해도 아이는 부모가 무언가 알고 있다는 사실을 눈치 채고 신뢰감을 잃는다.

울지 않는다, 초조해하지 않는다, 불안해하지 않는다

아들이 "죽여버릴 거야!"라고 폭언하는 소리를 듣거나 물건을 집어던지는 모습을 보고 충격을 받으면 어떻게 해야 좋을지 몰라 불안해지고, 그 후부터 아이를 제대로 상대하지 못하게 되는 경우가 흔히 있다. 하지만 이 같은 대처 방법은 바람직하지 않다. 오히려 불에 기름을 끼얹는 결과를 낳을 뿐이다.

엄마가 지나치게 불안해하면 그 마음이 아이에게 반드시 전달된다. 아이는 엄마나 아빠의 불안한 태도가 마음에 들지 않아 더욱 심한 반발을 하기 시작한다. 그리고 아이 역시 불안감을 느끼게 되어 자신의 마음을 솔직하게 털어놓지 못하게 된다. 아이가 불안해할 때일수록 부모는 의연한 태도로 대처해야 한다.

사춘기 남자아이의
'이상한 취미'는
한 걸음 물러나 지켜본다

마음이 불안정한 사춘기 남자아이는 엄마 입장에서 보면 깜짝 놀랄 대상에 흥미를 가지기 시작한다. 여성의 누드 같은 것은 당연하고, 시체, 살인, 우주인, UFO, 세계 7대 불가사의 등 엄마로서는 도저히 이해하기 어려운 세계에 마음이 빼앗긴다.

사실 나 자신도 사춘기 때는 그런 '이상한 것'에 빠져 있던 '이상한 남자아이'였다. 당시에 중학생이었던 내가 강렬한 흥미를 느꼈던 것은 살인 장면을 사실적으로 촬영한 영화 〈스너프〉였다.

이 영화는 미성년자는 보호자가 동반하지 않으면 관람할 수 없는 것이었다. 잡지에서 이 영화에 지금까지의 어떤 작품에도 없었을 정도로 여체를 사실적으로 절단하는 장면이 나온다는 문구를 발견한 나는 어떻게든 이 영화를 보고 싶어서 미성년자도 볼 수 있는 영화라고 어머니를 속이고 일부러 상영이 임박한 시간에 맞추어 어머니와 둘이 영화관을 찾아갔다.

엄청난 공포가 현실적으로 느껴지는 인체 절단 장면을 본 나는 참을 수 없을 정도로 흥분했다. 하지만 영화가 끝난 뒤에 어머니는 "네가 이런 아이였는지는 몰랐다"면서 그때까지 한 번도 들어본 적이 없는 절망적인 말을 했다.

지금 생각해보면 그런 괴기스런 영화를 보고 어머니가 그렇게 생각하는 것이 당연했다. 하지만 당시에는 어머니를 속여서라도 어떻게든 그 영화를 보고 싶었다.

그 이후에도 세계의 잔혹한 풍습을 소재로 삼은 〈세계 잔혹 이야기〉 등을 보았다. 하지만 그것도 1~2년뿐이었다. 고등학교 1학년 정도가 되어 철이 들기 시작하자 잔혹한 장면에는 완전히 흥미를 잃어버렸다. 그리고 지금은 텔레비전 드라마에서 수술을 하는 장면만 보아도 기분이 나빠진다. 호러영

화도 싫어한다. 그 〈스너프〉라는 영화는 아무리 돈이 많아도 다시는 보고 싶지 않다. 하지만 이때 고마웠던 것은 어머니가 당황하지 않고 의연하게 대처해주었다는 것이다. 만약 불안한 모습을 보였다면 나의 흥미는 더욱 높아졌을지도 모른다.

여러분의 아들들도 사춘기가 되면 동물의 시체 같은 기묘하고 기분 나쁜 대상에 흥미를 보이기 시작할지 모른다. 하지만 그것도 어디까지나 어른이 되어가는 과정 중에 존재하는 사춘기 특유의 일시적 현상이다. 따라서 이상한 아이라고 걱정할 것 없이, 마음 놓고 따뜻한 눈길로 지켜보는 것이 좋다.

단, 지금은 (약 30년 전의) 나의 어린 시절과는 달리, 인터넷 등을 통해 과격한 영상을 손쉽게 볼 수 있는 시대다. 아무리 마음을 놓으려 해도 걱정이 되어 견딜 수 없을 때에는 청소년 카운슬러 등 심리전문가와 상담을 해보도록 하자.

"별로", "그냥"이라는 말만 하는 아이와 대화를 나누려면?

초등학생 시절부터 대화를 별로 좋아하지 않았던 남자아이가 중학교 2학년이 되어 사춘기로 접어들면 아무리 말을 걸어도 전혀 반응을 보이지 않는 경우가 많다. "별로", "그냥", "특별히……" 같은 무의미한 대답만 돌아올 뿐이다. 그 때문에 제대로 이야기를 나눌 기회가 없다고 고민하는 어머니들이 있다.

그런 고민을 하는 어머니들에게 전하고 싶은 말은 "대화를 나눌 장소를 바꾸어보라"는 것이다. 커뮤니케이션이 통하지 않았던 장소에서 커뮤니케이션을 개선하려 하는 것은 무리다. 기분을 전환하려면 우선 장소를 바꾸어보는 것이 좋다. 이것은 심리학의 기본적인 법칙이다.

거실에서 잔소리만 하던 엄마와 제대로 대답하지 않는 중학교 2학년 아들. 두 사람은 거실에 있는 것만으로 마음이 불안해져서 자연스럽게 기분이 가라앉는다.

이럴 때에는 "○○에서 파는 케이크가 꽤 맛있다고 하는데 한번 먹어볼까?" 하고 아이에게 '데이트'를 하자고 유혹해본다. 내가 한 상담 중에서도 이 방법이 효과를 거두어 아이가 마음을 연 사례가 있다. 평소의 어색하고 답답한 거실이 아니라, 음식점이나 카페 등 집이 아닌 특별한 장소로 아이를 데리고 가서 '데이트'를 해보자. 남자아이라면 불고기집이나 국수가게도 괜찮다.

재미있는 점은, 장소를 바꾸면 기분도 바뀐다는 것이다. 더구나 맛있는 음식을 먹다 보면 마음이 안정되어 대화에 대한 거부반응이 줄어든다.

이런 상태에서, 평소에 물어보고 싶었던 것이 있으면 자연스럽게 이야기를 꺼낸다.

"○○야. 엄마가 늘 잔소리하는 귀가시간 말인데, 연락 없이 늦으면 엄마가 걱정이 되어서 그러는 거야. ○○시보다 늦어질 것 같으면 엄마한테 살짝 문자 좀 보내주면 엄마가 마음이 놓이잖아. 부탁한다."

이렇게 앞에서 설명한 방법, 즉 '한 걸음 물러서서(원다운 포지션)', '구체적으로', '부탁하는 말투'를 사용해서 "~해주면 좋겠다"고 마음을 전해보라.

여느 때와 마찬가지로 자신이 하고 싶은 말을 일방적으로 강요해서는 아이는 변하지 않는다.

'장소를 바꾸어본다', '잔소리를 늘어놓지 않는다', '구체적으로, 부탁을 하는 말투로 마음을 전한다'. 우선, 이런 사소한 일부터 시작해보자.

도저히 감당할 수 없는 아이에게는 '대각선 인간관계'를 활용한다

아이가 사춘기로 접어들면 사소한 문제들이 쌓여 부모와 자녀의 관계가 왜곡되기 쉽다. 부모가 무슨 말을 해도 아이가 전혀 귀를 기울이지 않는다는 가족도 적지 않다. 부모나 선생님이 이야기를 하기 위해, 아이의 상황을 알기 위해 다가가면 다가갈수록 도망치려 하는 것이다.

이럴 때에는 부모나 선생님이라는 수직관계, 학교 친구 같은 수평관계는 별 효과를 발휘하지 못한다. 여기에서 필요한 것은 '대각선 관계'다.

아이와 '대각선 관계'를 구축할 수 있는 사람은 예를 들면 카운슬러, 과외 선생님인 형, 학원 선생님, 초등학교 시절의 운동부 선배, 삼촌, 이모, 이웃에 사는 누나, 집에 자주 놀러 오는 아빠나 엄마 친구 등 아이와 직접적인 이해관계가 없는 제3자의 입장에 놓여 있는 사람이다. 이렇게 가족 이외의 제3자가 개입되지 않으면 사춘기의 왜곡된 가족관계를 회복하기 어려운 경우가 흔히 있다.

시험을 앞두고 있는 아이가 전혀 공부를 하지 않는다고 해보자. 이럴 때 수직관계에 해당하는 부모나 학교 선생님은 꾸짖거나 화를 내는 패턴을 보이기 쉽다. 하지만 대각선 관계에 놓여 있는 제3자인 '신뢰할 수 있는 어른'이 해주는 말은 설사 같은 말이라고 해도 뜻밖에 아이가 순수하게 받아들인다.

수직관계에 놓인 부모나 선생님의 말에는 강요받는 느낌이 들기 때문에 아이가 귀를 기울이지 않는다. 설사 부모가 하는 말이 전혀 틀리지 않은, 올바른 내용이라는 사실을 알고 있더라도 마찬가지다. 하지만 대각선 관계에 놓여 있는 어른의 이야기는 거리감이 있기 때문에 편하게 들을 수 있고, 그래서 아이는 귀를 기울이게 된다.

스기나미 구 와다중학교 교장 출신으로 야간 진학학원인 '야간스페셜' 등 참신한 시도를 선보이는 것으로 유명한 후지와라 가즈히로 씨도 '대각선 관계'의 도움을 받은 사람이다.

국가공무원이었던 후지와라 씨의 아버지는 매우 엄격해서 모든 것을 부정만 했다고 한다. 그러나 아버지의 막내 동생인 후지와라 씨의 삼촌은 사고가 매우 유연한 사람이었다. "일단 해보는 거야. 걱정할 것 없어"라며 그가 생각하는 아이디어를 긍정적으로 재미있게 받아들여주었다.

부모 입장에서는 삼촌이나 이모가 부모 자신의 교육방침과 다른 태도를 취하면 화가 나는 경우도 있을 수 있다. 하지만 아이의 입장에서 보면 믿을 수 있는 어른에게 부모와는 다른 관점으로 인정을 받는다는 것은 자신감과 용기를 얻을 수 있는 중요한 계기로 작용한다.

문제는 이 '대각선 관계'에 해당하는 신뢰할 수 있는 어른이 있느냐는 것이다. 난처한 문제가 발생했을 때 주위를 둘러보아도 좀처럼 찾기 어려워 고민에 빠지게 된다.

그런 사태를 미리 방지하기 위해 부모는 평소에 다양한 인간관계를 소중하게 여기고, 무슨 일이 일어났을 때 아이에게 힘이 되어줄 수 있는 네트워크를 만들어두어야 한다. 아이가 어린 시절부터 지역 봉사활동에 참가하게 하고, 운동부에서 활동하게 하고, 친척들을 자주 만나게 하고, 아빠나 엄마 친구들을 집으로 놀러오게 하는 등 네트워크는 얼마든지 형성해둘 수 있다. 이런 사소한 노력이 쌓이면 아이가 사춘기로 접어들어 반항을 시작하고 마음을 닫았을 때 귀중한 인재를 활용할 수 있다.

가사, 일, 육아 등 혼자서 몇 가지 역할을 해야 하는 엄마 입장에서는 힘든 문제일 수도 있다. 하지만 이런 일을 통해 인간관계의 네트워크를 넓혀두는 것이 중요한 순간에 사춘기의 위험한 시기로 접어든 아이를 구원할 커다란 힘이 될 수 있다는 사실을 잊지 말자.

남자아이의 방은
어떻게 배치하는 것이
좋을까?

"남자아이가 있는 집은 방 배치가 매우 중요하다."

20년 이상 교육카운슬러로서 등교거부와 은둔형외톨이를 대하면서 실감한 사실이다. 특히 은둔형외톨이 남자아이가 있는 가정은 대부분 거실을 통과하지 않아도 현관에서 곧바로 자기 방으로 들어갈 수 있는 구조로 이루어져 있다.

이래서는 부모와 자녀의 대화가 당연히 줄어들 수밖에 없다. 학교에서 지금 무슨 일이 일어나고 있는지, 아이의 마음에 어떤 변화가 일어나고 있는지 전혀 알 수 없다.

나는 남자아이건 여자아이건 중학교 1학년까지는 자기 방을 만들어주지 않는 것이 좋다고 생각한다. 앞에서도 설명했지만, 자기 방에만 틀어박혀 있는 아이는 공부하는 습관이 들지 않아 성적이 내려가는 반면, 거실에서 공부하는 아이는 공부하는 습관이 들기 쉽고 성적도 올라가기 쉽다. 이것이 끈기가 부족하고 혼자 있기를 좋아하는 요즘 아이들의 실태다. 단, 중학교에 입학한 후에는 자위 등 개인적인 사정이 있기 때문에 가능하면 자기 방을 만들어주는 것이 좋다.

중요한 것은 방 배치다. 장차 아이가 사춘기에 접어들어 자기 방을 가지게 되었을 때 어떤 방을 줄 것인지 생각하고 아이의 방은 거실을 통하지 않으면 들어갈 수 없는 구조로 설계해야 한다.

가능하면 아이 방도 문이 하나밖에 없는 폐쇄적인 공간으로 만드는 것보다는 미닫이나 파티션을 사용하여 구조 자체를 미묘하게 바꿀 수 있도록 하는 것이 바람직하다.

아이는 언젠가 독립한다. 아이가 없더라도 아이 방은 빈 채로 그대로 남는다. 그곳에서 생활하는 부모의 마음도 허전해져 왠지 외로운 분위기를 견디기 어렵다는 말도 자주 듣는다. 글자 그대로 '빈방 증후군'이다.

아이의 성장에 맞추어 가족의 형태도 바뀐다. 예를 들어, 아이가 진학이나 취업 때문에 독립을 하게 된 이후에 비어 있는 방을 적절하게 활용하여 부부의 방을 넓힌다거나 서재로 활용하는 등 필요성에 맞추어 유연하게 바꿀 수 있는 집을 지을 수 있도록 미리 건축가와 상담하여 설계하는 것이 좋다. 그때그때 가족에게 필요한 마음의 거리에 따라 방을 유연하게 배치할 수 있는 구조를 만들어두는 것이다. 이런 연습을 통해 부모와 자녀의 관계뿐 아니라 정년 이후의 부부관계도 적절한 거리로 유지할 수 있다.

앞으로 집을 지을 생각이 있다면 이 점을 유의하자. 방 배치 하나로 가족관계가 극적으로 바뀔 수 있다.

이 책에서는 사랑과 행복으로 가득한 육아의 구체적인 방법을 심리학 이론을 바탕으로 소개했다. 사랑과 행복을 강조하는 이유는 무슨 일이 있더라도 의연한 태도를 갖추고 가볍게 흔들리지 않는 엄마 아빠의 안정된 모습, 행복한 삶 이상으로 육아에서 중요한 것은 없다고 생각하기 때문이다.

하지만 육아는 당연히 즐거운 일만 있는 것이 아니다. 힘들어서 포기하고 싶을 때도 있고 숨이 막힐 듯 답답할 때도 적지 않다. 아들의 반항이 너무 심하거나 폭언을 듣게 되면 "차라리 낳지 말걸" 하는 후회 때문에 눈물을 흘리기도 한다.

하지만 그것 역시 아이가 '보이지 않는 세계'에서 부모에게 가져온 과제다. 육아의 고통을 통해 부모 자신의 영혼이 아이와 함께 성장할 수 있도록 아이가 가져다준 고통의 선물인 것이다. 아이와 엄마, 아빠는 육아와 관련된 고민을 통해 함께 느끼고 배우고 성장할 수 있도록 서로를 지원하는 '보이지 않는 유대관계'에 놓여 있는 '소울메이트'다.

또한, 아들이 무언가 곤란한 행동을 한다면 그것은 아들 자신의 성장에 필요한 것인지도 모른다고 생각하기 바란다. 동시에 아들의 그러한 행동은 이에 대한 대처를 통해 부모 자신의 인간적인 성장을 촉진하기 위한 것인지도 모른다. 아들의 장난이나 이상한 행동은 보이지 않는 세계, 즉 사랑으로 가득한 우주로부터 부모에게 보내준 소중한 선물이며 인간적인 성장을 촉진하게 하는 시련이기도 하다.

때로는 아들의 지나친 행동에 완전히 지쳐버릴 수도 있다. 그럴 때는 단 10분이라도 좋으니 아들에게서 떨어져 깊이 심호흡을 해보자. 그리고 마음속으로 이런 주문을 외어보자.

"내 영혼은 무한한 사랑으로 가득한 우주와 연결되어 있다.
내 아들의 영혼도 무한한 사랑으로 가득한 우주와 연결되어 있다.

　내 아들의 영혼은 무한한 사랑으로 가득한 우주로부터 나를 선택해서 나에게로 찾아왔다.

　고마워.

　고마워.

　고마워.

　나를 선택해 태어나주어서 정말 고마워…….

　모든 것은 이 보이지 않는 세계가 내게 준 선물이다.

　아들의 난폭한 행동이나 장난도 모두 사랑으로 가득한 우주가 내게 준 선물이다.

　영혼의 자각과 학습과 성장을 위해 내게 준 선물이다.”

　그렇게 하면 아들의 몸 전체가 사랑으로 가득한 하얀빛에 감싸여 있다는 사실을 깨닫게 될 것이다. 그걸 깨달았으면 힘주어 끌어안고 붉은 뺨에 힘껏 뽀뽀를 해주자.

남자아이 키울 때
꼭 알아야 할 것들

초판 1쇄 발행 2013년 4월 22일
초판 10쇄 발행 2022년 4월 7일

지은이 | 모로토미 요시히코
옮긴이 | 이정환
펴낸이 | 한순 이희섭
펴낸곳 | (주)도서출판 나무생각
편집 | 양미애 백모란
디자인 | 박민선
마케팅 | 이재석
출판등록 | 1999년 8월 19일 제1999-000112호
주소 | 서울특별시 마포구 월드컵로 70-4(서교동) 1F
전화 | 02)334-3339, 3308, 3361
팩스 | 02)334-3318
이메일 | tree3339@hanmail.net
홈페이지 | www.namubook.co.kr
블로그 | blog.naver.com/tree3339

ISBN 978-89-5937-320-8 04370
        978-89-5937-322-2 (set)